Gatilho
O ESTUPRO NA FICÇÃO BRASILEIRA

Gatilho
O ESTUPRO NA FICÇÃO BRASILEIRA

Karine Mathias Döll

TEMPORADA

Copyright © 2022 by Editora Letramento
Copyright © 2022 by Karine Mathias Döll

Diretor Editorial | **Gustavo Abreu**
Diretor Administrativo | **Júnior Gaudereto**
Diretor Financeiro | **Cláudio Macedo**
Logística | **Daniel Abreu**
Comunicação e Marketing | **Carol Pires**
Assistente Editorial | **Matteos Moreno e Maria Eduarda Paixão**
Designer Editorial | **Gustavo Zeferino e Luís Otávio Ferreira**
Capa | **Memento**
Diagramação | **Renata Oliveira**
Revisão | **Camila Araujo**

Todos os direitos reservados. Não é permitida a reprodução desta obra sem aprovação do Grupo Editorial Letramento.

Dados Internacionais de Catalogação na Publicação (CIP) de acordo com ISBD

D659g	Döll, Karine Mathias
	Gatilho: o estupro na ficção brasileira / Karine Mathias Döll. - Belo Horizonte, MG : Letramento ; Temporada, 2022.
	146 p. ; 15,5cm x 22,5cm.
	ISBN: 978-65-5932-254-1
	1. Literatura. 2. Crítica literária. 3. Narrativa de estupro. 4. Crítica feminista. 5. Violência sexual. I. Título.
2022-3877	CDD 809
	CDU 82.09

Elaborado por Odilio Hilario Moreira Junior - CRB-8/9949

Índice para catálogo sistemático:
1. Literatura: crítica literária 809
2. Literatura: crítica literária 82.09

Rua Magnólia, 1086 | Bairro Caiçara
Belo Horizonte, Minas Gerais | CEP 30770-020
Telefone 31 3327-5771

TEMPORADA
é o selo de novos autores do
Grupo Editorial Letramento

editoraletramento.com.br ▲ contato@editoraletramento.com.br ▲ editoracasadodireito.com

*Às minhas sobrinhas, Natália e Helena,
para quando se tornarem mulheres demais.*

*Aos meus sobrinhos, João Vicente e José Lucas,
para quando forem homens demais.*

Dedico este trabalho a todos os pedidos de socorro, dos audíveis aos silenciados — com a infeliz certeza da redundância.

E Moisés, irado contra os príncipes do exército, contra os tribunos, e centuriões que tinham vindo da batalha, disse: por que reservastes as mulheres? Não são elas as que seduziram os filhos de Israel por conselho de Balaam, e as que vos fizeram violar a lei do Senhor pelo pecado de Fogor, pelo qual foi castigado o povo? Matai pois todos os machos, ainda os que são crianças: e degolai as mulheres, que tiveram comércio com homens: mas reservai para vós as meninas e todas as donzelas.

Num, 31, 14-18

E eu era igual àqueles homens? Era. Com não terem mulher nenhuma lá, eles sacolejavam bestidades. - "Saindo por aí," - dizia um - "qualquer uma que seja, não me escapole!" Ao que contavam casos de mocinhas ensinadas por eles, aproveitavelmente, de seguida, em horas safadas. - "Mulher é gente tão infeliz..." - me disse Diadorim, uma vez, depois que tinha ouvido as estórias. Aqueles homens, quando estavam precisando, eles tinham aca, almiscravam. Achavam, manejavam.

Guimarães Rosa

sumário

- 11 **PREFÁCIO**
  Eurídice Figueiredo
- 14 **INTRODUÇÃO**
- 23 **CONTRAINTRODUÇÃO**
- 27 **PARTE I – UM LIMITE À LITERATURA**
- 28 **CAPÍTULO 1**
  APROXIMAÇÕES CRÍTICAS
  - 30 1.1. APROPRIAÇÕES TEÓRICAS SOBRE AS CATEGORIAS "GÊNERO" E "MULHER"
  - 31 1.2. AS REPRESENTAÇÕES DA VIOLÊNCIA "CONTRA"
  - 33 1.3. O TERMO "VIOLAÇÃO"
  - 36 1.4. LITERATURA, MARGENS E BORDAS
  - 38 1.5. O MÉRITO DA ANÁLISE COMPARATISTA
- 40 **CAPÍTULO 2**
  O *MAR AZUL* DE PALOMA VIDAL
  - 40 2.1. FATOS E FACTUALIDADES
  - 41 2.2. "AS ZONAS PARDAS DA MEMÓRIA"
  - 42 2.3. O NOMINÁVEL DOS INOMINÁVEIS
  - 45 2.4. FIGURAÇÕES DO MASCULINO
  - 45 2.5. O ESTUPRO DE R
    - 46 2.5.1. ENREDO
    - 54 2.5.2. ESPAÇO
    - 56 2.5.3. A PERSONAGEM QUE ESTUPRA
    - 64 2.5.4. POSSIBILIDADES ESTÉTICAS

67 CAPÍTULO 3
O *DESESTERRO* DE SHEYLA SMANIOTO

67   3.1. DEFORMAÇÃO E CRUELDADE

69   3.2. VOZ NATIVA

70   3.3. UM TODO AMONTOADO DE ENREDO

73   3.4. ENTREGA É PEDRA, É BURACO, É ÁGUA

74   3.5. O ESTUPRO DE TONHO

74   3.5.1. ENREDO

78   3.5.2. ESPAÇO

80   3.5.3. A PERSONAGEM QUE ESTUPRA

85   3.5.4. POSSIBILIDADES ESTÉTICAS

89 PARTE II –
UM LIMITE ÀS DISCUSSÕES

93 CAPÍTULO 4
A NARRATIVA DE ESTUPRO ENQUANTO VERDADE HISTÓRICA

120 CAPÍTULO 5
AS NARRATIVAS DE ESTUPRO ENQUANTO VERDADES LITERÁRIAS

133 INSUBORDINAÇÕES FINAIS

138 AGRADECIMENTOS

139 REFERÊNCIAS

PREFÁCIO

Este livro vem preencher um quase vazio na crítica literária brasileira que tende a ignorar ou contornar temas tabus ligados ao corpo das mulheres como estupro, incesto, violência familiar, assédio sexual, aborto e outros. Karine M. Döll enfrentou corajosamente as dificuldades diante da ausência de bibliografia em português, e analisou a questão do estupro, um crime que é obscurecido por anos de técnicas de camuflagem que os homens usaram para descrever o estupro sob a máscara do erotismo e do consentimento tácito. Ela apresenta alguns exemplos na literatura brasileira em que as cenas de violência sexual são naturalizadas, como se as mulheres sempre dissessem "não" para significar "sim", como se a insistência brutal fosse tudo o que elas quisessem: *A carne,* de Júlio Ribeiro, *A normalista,* de Adolfo Caminha, *Macunaíma,* de Mário de Andrade, *Capitães de Areia*, de Jorge Amado, *Viva o povo brasileiro,* de João Ubaldo Ribeiro, *Eu receberia as piores notícias de seus lindos lábios,* de Marçal Aquino e tantos outros.

O livro, versão revista de sua dissertação de Mestrado realizado na Universidade Estadual de Ponta Grossa, demonstra a qualidade da pesquisa e da escrita desta jovem pesquisadora que tem um longo caminho pela frente. Ela explica o título do seu livro por sua origem no inglês: *Trigger Warning (TW)* ou Aviso de Gatilho ou simplesmente Gatilho é o alerta para algum conteúdo que possa desencadear ataques de pânico, ansiedade ou depressão em pessoas que sofreram algum trauma.

A autora não se contenta em analisar o estupro na ficção de duas escritoras, Paloma Vidal e Sheyla Smanioto, como o sumário indica. O primeiro capítulo é dedicado ao estupro na letra da lei e, para isso, ela faz uma revisão do Código Penal Brasileiro a fim de averiguar como ele mudou em função das mudanças operadas na sociedade, inclusive diante das reivindicações dos movimentos de mulheres. A partir dos dados da realidade, ela desconstrói mitos prevalentes sobre o estupro tais como: é impossível estuprar uma mulher que resiste, sexo forçado não é estupro, "não" às vezes quer dizer "sim" devido à ambivalência feminina, a melhor atitude da mulher é relaxar e gozar, a vítima se veste e se comporta de tal modo que parece "pedir" para ser estuprada, os homens correm o risco de serem injustamente acusados de estupro.

Na análise dos dois romances, a autora percorre com acuidade o caminho traçado pelas várias personagens. Ela demonstra que, apesar de a cena do estupro ser narrada pela voz dos estupradores, não existe leitura voyeurística devido à hipotipose, "figura em que concorrem descrição e narração no mesmo ato discursivo". Este é, na verdade, o nó da questão, o ponto espinhoso que as escritoras têm de enfrentar ao narrar uma cena de estupro. Trata-se de um desafio que nem sempre é resolvido a contento. No caso dos dois romances do corpus, *Mar azul* e *Desesterro*, considero que a mais problemática é a narrativa de Paloma Vidal, devido ao seu ritmo de frase, ao uso de diminutivos, à aparente ausência de violência, enquanto a descrição de Sheyla Smanioto é mais chocante, animalesca, gerando menos cumplicidade do leitor ou da leitora.

O estupro de crianças e adolescentes provoca um trauma que pode durar a vida toda; chegando à idade adulta, a pessoa não tem segurança emocional para estabelecer relações de afeto e confiança com os outros. A memória do trauma não é dizível, não é objeto da fala, a memória do trauma é recalcada, é mandada para o porão do esquecimento. No entanto, não pode haver esquecimento, tampouco, a causa do trauma se revolve lá no fundo da inconsciência, causando sintomas, doenças psíquicas, como mostrou a psicanálise.

A pessoa traumatizada tem muita dificuldade de falar sobre o assunto, como se vê no romance de Paloma Vidal. O sujeito que sofreu o trauma não só não consegue verbalizar como, às vezes, afirma que o fato não existiu (denegação) ou duvida de sua memória, pensa que talvez o fato não tenha existido. A denegação é sintoma do recalcamento que se deu, da desmemória que levou o sujeito a embelezar o passado de sofrimento. O trauma não se esgota em uma pessoa, ele pode ser transmitido para as gerações seguintes, como no romance *As parceiras*, de Lya Luft pois aqueles que não conseguem transmitir sua história de vida aos filhos acabam transmitindo-lhes os vestígios de sua incapacidade, de seus bloqueios. A dificuldade de amar está relacionada com a memória, a impossibilidade de romper a casca da clausura para a transmissão da memória cria a doença. O sujeito que sofreu o trauma e não conseguiu elaborá-lo torna-se melancólico, ele vive no luto, em um fechamento narcisístico, tendo em vista que, para haver subjetivação, é preciso passar pelo Outro.

Na França, a escritora Virginie Despentes (nascida em 1969) escreveu sobre o estupro que sofreu aos 17 anos. No livro *Teoria King Kong* (2016), ela fala do "silêncio cruzado": os homens não tratam do assunto e as mulheres não ousam contar, denunciar, escrever sobre isso.

É preciso romper essa barreira do silenciamento. Ao romper o tabu, a autora retira o estupro do horror total, mostrando que é possível sobreviver, que é preciso falar para se abrir para a relação com os outros porque, enquanto a pessoa traumatizada fica autocentrada e silenciada, ela não consegue superar o sofrimento que se repete *ad infinitum* em uma série de sintomas.

No Brasil, sociedade sexista e violenta, fica mais difícil para as mulheres fazerem esse tipo de confissão pública por causa da falta de tradição e, sobretudo, pelo temor da exposição. No entanto, ressalto a relevância tanto da grande quantidade de obras de ficção de autoras, sobretudo jovens, que abordaram o assunto nos últimos anos, quanto os trabalhos de análise crítica que ousam focalizar essas questões que eram, até recentemente, tabu. Portanto, é muito bem-vindo o livro de Karine Mathias Döll.

Eurídice Figueiredo
(UFF/CNPq)
junho/2019

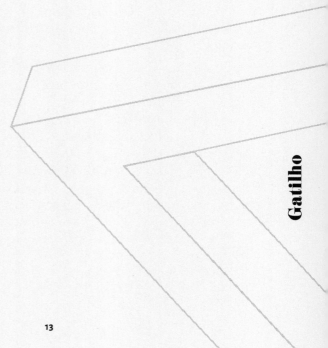

INTRODUÇÃO

A idealização deste trabalho começou a impor-se como prerrogativa de pesquisa ao final do ano de 2016, quando, tendo acabado de ingressar como mestranda no Programa de Pós-Graduação em Estudos da Linguagem pela Universidade Estadual de Ponta Grossa (UEPG), decidi reformular por inteiro o projeto de dissertação que me valeu a vaga no mestrado. Para que eu pudesse seguir com o que hoje constitui minha temática principal de trabalho, as narrativas de estupro, tive que, em um primeiro momento, convencer minha orientadora de que tínhamos um problema e, mais do que isso, de que tínhamos um problema desprezado enquanto possibilidade analítica. A verdade é que, em se tratando do campo literário, afirmações como essa, de falta de consideração da crítica para com determinado assunto, tornam-se automaticamente suspeitas. Como a crítica não teria se debruçado ainda sobre tal assunto? Seria possível que representações do estupro na literatura brasileira ainda não tivessem sido colocadas à prova? Há como transformar uma dor tão premente e sempre atual em escopo teórico, com o intuito de inflexionar sobre as relações entre estupro e literatura? Essas foram algumas das perguntas que me fiz, assim que me dei conta de que não haveria escapatória: era preciso falar sobre o estupro, e era preciso falar sobre o estupro a partir da literatura. Era preciso, portanto, convencer.

Neste livro, ambos os discursos, seja o histórico ou o ficcional, rivalizam-se, e cada um tenta convencer a seu modo. Contudo, eles não se juntaram ao acaso, e o seu encontro deve-se mesmo a uma experiência pessoal. Constam aqui reflexões mais próximas às de Susan Brownmiller, autora do emblemático estudo *Against Our Will: Men, Women and Rape* (Fawcett Columbine, 1975) (sem tradução ainda para o português), do que às de Sohaila Abdulali, autora do best-seller *Do que estamos falando quando falamos de estupro* (Vestígio, 2019), uma vez que nunca vivenciei uma situação de violência sexual sobre mim imposta ou fui coagida a nada. Como diria Susan, "a equivalência de um autor com o assunto a ser tratado é um processo misterioso"

(BROWMILLER, 1975, p. 7)[1], mas, de fato, um evento ocorreu. Não comigo. Na realidade, não tenho a menor ideia de com quem foi, mas tenho todos os outros indicativos: o carro, o lugar, as pessoas, um homem, uma mulher, um grito de socorro, braços sendo puxados, força sendo exibida, breu. E a minha trajetória de pesquisadora do estupro tem seu marco temporal neste episódio.

Era sábado de madrugada quando acordei assustada, ouvindo um pedido de socorro. Saí à janela do apartamento em que morava, na região central da cidade de Ponta Grossa/PR, e consegui ver apenas um homem puxando uma mulher pelo braço com força para os fundos de uma garagem. Os dois estavam dentro de um estacionamento fechado, com várias vagas para garagens que geravam demanda durante o dia, em horário comercial, mas nunca durante a noite, pois eram de acesso restrito. O homem aparentava estar em posse do controle do portão, e sozinho. Perturbada, com o grito desesperado ainda ecoando em meus ouvidos, vou ao encalço do telefone e começo a buscar ajuda. Ligo para a polícia, para a empresa privada que fazia a segurança do local, para o 180, atrás de algum aconselhamento sobre o que poderia ser feito. Silêncio. Ninguém viria. À época, descrever uma situação de perigo iminente envolvendo um homem e uma mulher era tratado com zombaria pelas autoridades locais. Por quaisquer autoridades, diga-se de passagem. O preceito sob o qual se alegava que "em briga de marido e mulher não se mete a colher" era a lei, seguida à risca, por muitos, até mesmo hoje. Mais eficiente seria ter dito que se tratava de um assalto, uma vez que ataques à propriedade privada acabam por comover mais enquanto violência urbana. Porém, passa-se um par de horas e os dois, o homem e a mulher, saem juntos do estacionamento, depois que o portão eletrônico é acionado. A mulher permanece um tempo esperando por alguma coisa, recostada à parede do imóvel que dá para a rua; os dois, já dentro do carro, por fim vão embora.

Por não saber o que exatamente estava acontecendo dentro daquele estacionamento, minha primeira dedução foi de que a mulher seria estuprada. Por quê? Porque, pela falta de movimentação, comecei a fabular histórias, e minha constatação primeira foi de que poderia ter sido eu no lugar daquela mulher. Poderia ter sido qualquer mulher, aliás. Poderia ter sido eu ou qualquer outra a marcar um encontro com um homem, um encontro para que conversássemos, e quando ele se oferecesse para me deixar em casa, de carro, decidisse por conta própria desviar o ca-

---

1 "(…) the matching up of author with subject matter is a mysterious process" (BROWMILLER, 1975, p. 7, tradução livre)

minho, tomando o rumo da rua do estacionamento cujo acesso era para ele permitido, obrigando-me, ou a qualquer outra, a entrar ali com ele, no meio da noite, sem ninguém saber, sem ninguém se incomodar com isso. Era uma hipótese que tinha como sua justificativa o fato de que um pedido de socorro vocalizado por uma mulher exigia, via de regra, uma cartilha explicativa que o acompanhasse, e que esta viesse muito bem explicada para que esse pedido conseguisse se tornar efetivo. A moralidade feminina sempre foi um conceito plástico demais, afinal.

Dois romances serviram de baliza para este episódio que descrevo: *Mar azul* (2012), de Paloma Vidal, e *Desesterro* (2015), de Sheyla Smanioto. Os dois trazem, em seu bojo, o crime de estupro como um evento dentro da obra, determinante da conduta das personagens envolvidas. Por conseguinte, envolvem, do mesmo modo, uma espécie de narrativa por vir. Qual história é enredada por eles? Presume-se, da mesma forma, um estupro? Evidencia-se uma violência? Ouve-se a angústia de um pedido de socorro nas entrelinhas? Se a literatura tem no real um mote, mas no distanciamento, a arte, não haveria um ponto em que eles coincidiriam? Por que a gravidade do estupro não é levada em conta, nem em um nem noutro caso, embora sirva tantas vezes à fabulação? O episódio que chamei de "experiência pessoal" configuraria, mais tarde, as questões de partida e origem deste trabalho. A narrativa pedregulha de *Desesterro*, ao lado de um sem-número de possibilidades oceânicas despertas pela obra de Vidal, deixou claro que, embora muito se distanciem na escrita, no estilo e em suas próprias concepções literárias, ambas as obras muito se parecem na problemática, a qual, em contrapartida, muito se assemelhava à do episódio do estacionamento. Era a isso que eu estava determinada a me dedicar e essa é a razão para que o aprofundamento da temática se desse por meio dessas duas autoras em específico, que trago agora ao prelo.

A princípio, desconfiei que outros trabalhos já tivessem se debruçado sobre a convergência do estupro na literatura e, movida por essa curiosidade, acessei vários bancos de dados de universidades brasileiras a fim de melhor entender o papel da literatura em um determinado regime de verdade concernente ao estupro e, dessa forma, averiguar se as minhas reflexões faziam sentido (e faziam sentido, ainda, dentro de uma proposição de projeto de mestrado, que era a formalização da minha problemática). Qual não foi minha surpresa quando constatei que, embora muito estivesse sendo produzido em relação às representações da mulher na literatura, nada havia, de fato, sobre representações do estupro. Quer dizer, havia, sim, uma resenha publicada em um periódico da Universidade Federal da Paraíba (UFPB), intitulada "Como silenciar diante do estupro e suas representações na literatura?" (2015), escrita pela, à época, doutoranda Elizabeth Souto Maior Mendes, cujo foco era explorar uma coletânea de ensaios organizada pelas pesquisadoras Sorcha Gunne e Zoë Brigley Thompson sob o título *Feminism, Literature and Rape Narratives: Violence and Violation* (2010) (sem tradução ainda para o português). Ter encontrado esse texto muniu-me de duas certezas: a primeira, de que havia uma problemática a ser explorada; a segunda, de que tais discussões não chegaram nem a resvalar na crítica dos textos literários produzidos no Brasil.

Daí em diante, passei a ter contato com outros textos de outras pesquisadoras fora daqui que pareciam estar se dedicando aos modos discursivos relativos ao crime de estupro já há algum tempo. Assim como eu, elas também se mostravam empenhadas em colocar em xeque as figurações do estupro na literatura, seus motivos e a leitura que se fazia delas. Além do texto de Brownmiller (1975), que foi um divisor de águas em que pude encontrar as primeiras e prematuras respostas para os meus questionamentos (lembrando que Brownmiller é jornalista, e não acadêmica), faço questão de mencionar ainda algumas outras autoras, tais como Tanya Horeck com o seu *Public Rape: Representing Violation in Fiction and Film* (2004), Lynn A. Higgins e Brenda R. Silver, que organizaram o imprescindível *Rape and Represenation* (1991), ou mesmo Sabine Sielke, com o trabalho *Reading Rape: The Rhetoric of Sexual Violence in American Literature and Culture 1790-1990* (2002). Se faço questão de mencioná-las logo em minhas primeiras páginas, isso se deve ao fato de que me apropriei de seus estudos e pensei junto com elas os significados de se narrar um estupro na literatura, aproximando tais discussões do meu distante, porém paradoxalmente próximo, contexto. De lá para cá, outras publicações foram aparecendo (como a de Sohaila Abdulali (2019), por exemplo, ou, mais recentemente ainda *Abuso: a cultura do estupro no Brasil* (2020), da jornalista Ana Paula Araújo), e em matéria de reflexões sobre o estupro dentro do território brasileiro, duas produções vindas do audiovisual merecem destaque: *Assédio* (Globo, 2018), minissérie que trata dos estupros cometidos pelo médico Roger Abdelmassih, e *Em nome de Deus* (Globo, 2020), documentário investigativo sobre o médium mais famoso do Brasil, João Teixeira de Faria, que hoje é mais conhecido pelas centenas de relatos de abuso sexual cometidos dentro e fora do centro espírita que ele operava e mantinha.

Escândalos envolvendo violência sexual não faltam; falta, contudo, uma recepção crítica de tais escândalos, em conjunto com um amplo debate amparado por tais reflexões.

Nesse sentido, para falar de violência sexual sem incorrer em uma violência dupla, isto é, sem perder de vista que trataria de tema tão lancinante como o é o crime de estupro, mantive um posicionamento atento às muitas faces que acabaria por desvendar ao longo da pesquisa, desde o momento em que a tomasse como definitiva, como minha proposição dissertativa. A expressão "*trigger warning*", traduzida por "aviso de gatilho", ou apenas "gatilho", em português, é um alerta para se ter atenção quanto a algum conteúdo específico cuja leitura poderia desencadear *flashbacks*, ataques de pânico, ansiedade e/ou depressão em sobreviventes de trauma.

Hoje, tão corrente é nos referirmos às situações como "gatilhos" de qualquer coisa, que as associações indesejadas passaram a suscitar menos seu aspecto nebuloso que sua ironia. Entretanto, anunciar um conteúdo antes mesmo de ele ser apresentado significa dar uma oportunidade às pessoas sobreviventes de se preparem antes de se envolverem com textos que podem se mostrar desafiadores. Ou até mesmo que os evitem, se este for o caso. Dentre os "gatilhos" mais comuns encontra-se o suicídio, a automutilação, a violência doméstica e, talvez o mais comum de todos, o estupro. Ao propor um "gatilho" à própria Literatura, não só alerto para o aspecto traumático que pode vir a ser desencadeado por meio da leitura deste livro, como deixo a cargo daqueles que escrevem textos literários que decidam sobre sua responsabilidade em relação a eventos traumáticos que inevitavelmente vislumbram no interior das suas obras como artefato representacional.

Isso porque, no que diz respeito ao crime de estupro, as narrativas, via de regra, percorrem dois caminhos: associam-se a situações de extrema violência, cujo enfoque se dá mais por meio de uma escrita que pretende chocar a qualquer custo aqueles que a leem do que levantar um problema; ou, pior, associam-se a uma suposta prática sexual que instiga o prazer do homem ao desconsiderar tacitamente a subjetividade da mulher que, no mais das vezes, é apresentada apenas como condescendente de uma atitude que a invisibiliza justamente ao colocá-la em foco, pois supõe que esta precisaria de um homem que aplacasse seus "reclames do corpo" ou seu "espírito essencialmente lascivo". Temos, então, que, em detrimento da violência, sobressai-se um horizonte amoroso e de prazer, o qual acaba por percorrer uma via de mão dupla: fabrica-se uma nova violência real em cima da violência ficcionalizada, que desaparece. Um gatilho logo é acionado.

A bem da verdade, tudo aqui se mantém em risco, desde o tema, a análise comparatista, a escolha dos romances, o escopo teórico e, principalmente, as minhas proposições, que jamais deixarão de ser introdutórias. Desse modo, não quero sugerir que eventos traumáticos devam ser suprimidos do fazer literário, excluindo sua relevância figuracional. Ao contrário. Parto do princípio da "partilha do sensível" ["*le partage du sensible*"], como proposto pelo filósofo Jacques Ranciére (2009), segundo o qual é possível pensar a política como uma estética primeira: é ela que institui, uma vez considerados os espaços, os recortes temporais e os tipos de ocupação, quem pode tomar parte em um *comum* e quem não pode, sendo este comum o que dá forma a uma comunidade. Assim, se de um lado temos um *comum* que prescinde de individualismos, de outro temos o entendimento de que evidências sensíveis são partilhadas a todo momento, reivindicando uma espécie de recorte que eliminaria qualquer diferença frente ao *comum* e o aproximaria, desse modo, não apenas a um "lugar de fala", mas de um lugar de ver, de ouvir, de fazer e, sobretudo, de pensar.

Em vistas disso, quero destacar que, de Machado de Assis a Clarice Lispector, de Adolfo Caminha a Olavo Bilac, de Rachel de Queiroz a Guimarães Rosa, de Jorge Amado a Marçal Aquino, para citar apenas alguns, a literatura brasileira parece ter se empenhado em trazer para dentro de suas histórias o crime de estupro, ao mesmo tempo em que parece ter se empenhado também em borrar um pouco os limites que separam a narrativa de estupro da narrativa erótica ou sexual, dificultando a compreensão daqueles que a leem (embora tal dificuldade jamais seja explicitada) e deixando que a violência maior passe despercebida: a imposição de um discurso por trás de uma narrativa que a qualifica enquanto estupro ou enquanto sexo, sendo que cada uma tem limites bastante precisos, os quais não deveriam ser perdidos de vista, ainda que, no geral, não sejam nem encontrados.

É por isso que penso ser possível afirmar que a constatação que faço acima, este transbordamento da narrativa de estupro em narrativa erótica, dificilmente suscita preocupação e ocorre de modo similar quando colocada ao lado de qualquer narrativa, seja ela ficcional ou não, afinal, a falta de preocupação não pode ser considerada um privilégio da literatura. É, antes, também por ela motivada. A narrativa de estupro, como afirmei acima, transita em uma via de mão dupla em que ambos os lados não conseguem escapar das engrenagens de um saber/poder histórico, visto que a escrita representa uma ação que, por sua vez, vem a representar um discurso. Isso significa que a decisão de se narrar uma violência específica, como é o caso da violência sexual, implica uma tomada de consciência por parte de quem escreve, no sentido de não relacionar essa narrativa a uma outra em que a mulher é automaticamente associada ao prazer, e não ao sofrimento, trazendo à tona tal regime discursivo com o intuito de resistir a ele, e não o contrário.

Em última instância, este tipo específico de narrativa desafia a literatura por ter de desafiar aqueles que a leem, ao mesmo tempo. Dessa forma, o que pode parecer simples, quando colocado ao lado de figurações de outras circunstâncias dentro de uma obra literária, torna-se um problema que vai muito além da escrita, visto que escritores e escritoras se tornam objeto e instrumento de seus regimes discursivos. Em outras palavras: qual a história que eles vislumbram e querem contar?

Para que a análise em questão possa ser levada adiante, no entanto, é preciso que tomemos a narrativa de estupro em sua forma literal, isto é, que a compreendamos como uma espécie de grau zero relativo a um discurso específico, o discurso por trás do estupro situado em meio ao texto literário. Se as figuras de retórica engendradas na prosa de ficção diferenciam-se das figuras utilizadas por nós, no dia a dia, advindas de nossos automatismos linguísticos, isso se deve ao fato de que o "índice metafórico das frases, períodos, parágrafos, etc. apenas se revela quando a leitura chega ao fim: é a globalidade da significação de um conto, romance ou novela que ilumina o conteúdo semântico das metáforas disseminadas nos textos" (MOISÉS, 2013, p. 298). Porém, se seguimos por essa lógica para realizar a análise de narrativas de estupro e procuramos dar a elas um significado frente à significação do romance como um todo, dificilmente chegaremos ao conteúdo subjacente a elas, que é o que de mais interessante existe para ser colocado em evidência e consequentemente discutido em matéria de estupro na literatura, uma vez que este parece estar situado em um discurso anterior a qualquer tipo de metáfora que possa ser proposta por quem as escreve e anterior ainda ao próprio desencadear dos acontecimentos – discurso este que fará parte, mais à frente, do quarto capítulo, quando falarmos sobre "a narrativa de estupro enquanto verdade histórica", que será a proposição deste.

Dito isso, a pergunta-chave que faço e que nos remete à análise literal da narrativa antes da figurada, não seria "como representar um estupro?" se já não houvesse a percepção de que a representação do estupro estaria aquém de uma simples representação da realidade, ou melhor, aquém de qualquer concepção mimética orquestrada pelo fazer literário, uma vez da dificuldade em falar de conteúdo narrativo sem o aproximar de associações e intenções. É necessário, portanto, colocar em suspensão o próprio regime metafórico da literatura para nos voltarmos aos seus regimes discursivos, tendo em vista que não podemos supor que a literatura esteja imune a eles somente por tratar-se de criação ficcionalizada. Assim sendo, a narrativa de estupro necessita ser evidenciada por meio de um sentido de grau zero da linguagem, porque é somente por meio desta que conseguimos separá-la de um certo *script* (MARCUS, 1991, p. 392) que a rege ou relacioná-la a qualquer coisa de erótico que nela possa estar contido. Ou melhor, a narrativa de estupro, sendo o próprio crime de estupro, é, por si mesma, um fato linguístico e "o *script* do estupro é formado a partir [...] da 'gramática da violência generificada', onde gramática significa as regras e a estrutura que designam pessoas a posições dentro de um *script*" (MARCUS, 1991, p. 392, tradução minha).

Levando em conta tudo o que foi dito até aqui, as próximas páginas terão por propósito investigar os modos como a narrativa de estupro se apresenta em obras literárias, subtraindo dela sua valoração linguística, sua "gramática da violência", antes de pensá-la como uma estrutura metafórica ou alegórica servindo a um objetivo outro que não seja denunciar o crime de estupro dentro de seus próprios moldes. Se a cultura produz imagens do estupro através da linguagem, tentarei chegar até elas. Se o estupro representa o seu próprio discurso ao mesmo tempo em que é figurado por ele, teremos por intenção desvendá-lo.

Definidos os pontos de partida, nosso primeiro bloco reflexivo tratará dos romances escolhidos, *Mar azul* e *Desesterro*, no capítulo inaugural intitulado "Um limite à literatura". As obras de Paloma Vidal e Sheyla Smanioto, respectivamente, servirão como alicerce e baliza para que se possa encontrar uma resposta satisfatória quanto às representações do estupro na literatura. Dado que as análises se concentrarão especificamente no contexto das narrativas de estupro, busquei elencar questionamentos que, embora se concentrem nelas, não isentem o restante dos romances da responsabilidade de também auxiliá-las. Assim, perguntei:

(1) de que maneira a narrativa de estupro contida na obra impõe-se em meio ao enredo para fins de análise? Neste ponto, buscou-se refletir sobre a função de tal narrativa para a compreensão da obra como um todo;

(2) de que forma o espaço em que acontece o estupro fomenta o acontecimento? Aqui, reflete-se acerca das condições de possibilidade estabelecidas pelas autoras para a narrativa de estupro que propõem, ou ainda quais seriam seus motivadores, suas contingências (ou mesmo seria ela contingencial?), alicerçadas por sobre mitos comuns em relação aos lugares nos quais o estupro ocorre;

(3) quem é a personagem responsável pelo estupro? Para além das características reveladas na escritura do romance, colocarei lado a lado características da personagem estupradora e os mitos, para que possam ser mais bem visualizados e indiquem formas de se pensar no estupro nos romances em questão; e, por último,

(4). quais foram as escolhas narrativas empreendidas pelas autoras que possibilitaram um olhar atento ao crime antes de um olhar voyeurístico sobre o que se desencadearia ao longo da narrativa? Neste momento, que poderíamos chamar de análise estética, tive por intenção deixar evidente o crime de estupro como um fato linguístico, performado a partir de uma escrita consciente e preocupada com a denúncia de um crime, antes de qualquer exploração, objetificação ou sexualização da personagem feminina em questão, ou mesmo da própria violência sexual presente nas obras.

É dessa forma que divido minha análise.

Encerro estas palavras iniciais dizendo que, é verdade, muitas das reflexões que foram sendo empreendidas ao longo do trabalho tomaram forma à revelia, de acordo com o que me parecia relevante tratar em meio às demais reflexões que estavam sendo propostas. O que não significa dizer que se estruturam de maneira arbitrária. Talvez o mais correto seja dizer que foram pensadas a partir das ausências com as quais me deparei ao ter contato com outros textos de outras teóricas e críticas da literatura, que se debruçaram sobre o assunto, quando contrastados com a realidade da qual eu, de início, não apenas quis me aproximar (pois isso seria ilegítimo, eu sou toda ela), mas pensar com ela: a realidade brasileira. Dentro desta, este livro situa-se como mais uma forma de dizer "não", quando a todo momento querem que nós, mulheres, por deferência, simplesmente nos rendamos ao "sim", seja dentro ou fora das páginas dos livros.

CONTRAINTRODUÇÃO

O ano era 2008. A turma, bastante volumosa, deveria ter ali, em sua composição de colégio particular às vésperas do vestibular, em torno de 200 estudantes. A disciplina era Língua Portuguesa, mas entre os tipos de predicados de um lado e as figuras de linguagem de outro, parecia conveniente ao professor diminuir a tensão generalizada com um certo número de anedotas pré-fabricadas, semestralmente ensaiadas, dentre as quais uma, hoje, me serve também como justificativa para este trabalho. Em tons jocosos, ele passa sem ter porquê a descrever um encontro romântico entre um homem e uma mulher e, em meio a trejeitos que se fiavam ao ridículo e ao exagerado para promover risadas de um canto a outro do anfiteatro, ele se propunha a imitar as palavras e a maneira como a mulher tentava inutilmente conduzir a situação em que se encontrava a partir de uma sequência precisa de advérbios: "não, não, não ... sim", era como o professor intentava repetir os dizeres da mulher e explorava o humor em sala de aula, ao que todos entendiam.

O ano é 1.500. Costumou-se chamar "descobrimento" o que, mais tarde, viríamos a entender como genocídio. João Ribeiro sentencia sobre as mulheres indígenas que aqui habitavam: "Alguns as desposavam; outros, quasi todos, abusavam da innocencia d'ellas, como ainda hoje das mestiças, reduzindo-as por egual a concubinas e escravas" (RIBEIRO, 1909, p. 116). Gilberto Freyre desvenda alguns mistérios: "Não há escravidão sem depravação sexual" (FREYRE, 1977 [1933], p. 316), enquanto Joaquim Nabuco, apoiando-se pesarosamente em um manifesto escravocrata dos próprios fazendeiros, revela o seguinte posicionamento destes: "a parte mais produtiva da propriedade escrava é o ventre gerador." (NABUCO, 2012 [1883], p. 111). Alguns anos mais tarde, Sérgio Buarque de Holanda afirma em nota de rodapé: "Corria na Europa (...) a crença de que aquém da linha do Equador não existe nenhum pecado: Ultra aequinoxialem non peccari" (HOLANDA, 1963 [1936], p. 45), inspirando posteriormente seu filho, Chico Buarque, a cantar: "Deixa a tristeza pra lá, vem comer, me jantar / Sarapatel, caruru,

Gatilho

tucupi, tacacá / Vê se me usa, me abusa, lambuza / Que a tua cafuza / Não pode esperar / (...) Vê se me esgota, me bota na mesa / Que a tua holandesa / Não pode esperar" (BUARQUE, 1973).

O ano é 2009. Finalmente o Código Penal passa a enxergar o estupro como um crime "contra a dignidade sexual", isto é, um crime contra a dignidade humana, ao contrário do que se previa até então ao patenteá-lo como um crime "contra os costumes", isto é, contra a sociedade cuja ferida alcança seus valores e sua moralidade, fazendo da vítima uma mera abstração. Uma década.

O ano é 2012. O reality show e programa de maior audiência do Brasil mostra uma mulher se dirigindo ao seu quarto após uma festa na qual havia consumido bebidas alcoólicas. Um participante decide acompanhá-la e deita-se com ela na cama. Ela está desacordada. Os espectadores, de repente, passam a assistir os movimentos de uma suposta prática sexual embaixo dos cobertores. Enquanto isso, na tela de Notícias veiculada na versão paga do programa surge uma nota: "Está rolando o clima entre Daniel e Monique debaixo do edredom. Ele se mexe, parece acariciar a sister, mas a loira não se move." (Andrade, 2012)

O ano ainda é 2012. Uma conhecida empresa de preservativos decide veicular uma propaganda da marca em suas redes sociais sob a alcunha de "Dieta do sexo", em que ficam estabelecidas diferentes calorias para determinadas atitudes que supostamente envolvem a prática sexual. O primeiro item, de nome "Tirando a roupa dela", apresenta duas subcategorias: "Com o consentimento dela", em que 10 calorias são numeradas e "Sem o consentimento dela", em que as calorias mais do que dobram e vão para a casa das centenas – 190 calorias ao todo. No quesito "Abrindo o sutiã", o item "Com uma mão, apanhando dela" parece também não querer ficar para trás ao alcançar um total de 208 calorias.

A empresa lança uma nota dizendo que o objetivo da peça publicitária era fazer alusão a uma "brincadeira de casais" e retratar uma "insistência inofensiva do parceiro" (Martins, 2012).

O ano é 2014. Descobre-se, no Rio Grande do Sul, que uma adolescente de 13 anos está grávida e abre-se um processo contra seu pai. Um aborto é judicialmente autorizado. Depois de realizado o procedimento, a menina nega os abusos, pressionada pela família. O promotor de justiça, ao interrogá-la, é irretocável:

"Sabe que tu é uma pessoa de muita sorte porque tu é menor de 18, se tu fosse maior de 18 eu ia pedir a tua preventiva agora, pra tu ir lá na FASE, pra te estuprarem lá e fazer tudo o que fazem com um menor de idade lá. Porque tu é criminosa." e continua "Vai ser feito exame de DNA no feto. Não vai dar positivo nesse exame né? (...) Não vai dar positivo esse exame de DNA, vai dar negativo né!? Vai dá o quê nesse exame?", ao que a menina responde: "Negativo" (Bretas, 2016). O exame deu positivo.

O ano é 2016. Uma adolescente de 16 anos é violentada por mais de 30 homens em uma favela na Zona Oeste do Rio de Janeiro. O crime foi gravado pelas mãos dos próprios criminosos e disponibilizado nas redes sociais como um grande feito. No vídeo, a menina está nua, desacordada e com marcas de agressão. No Facebook, a imagem de um homem com a língua de fora em frente ao corpo ensanguentado da menina e uma legenda, em caixa alta: "estado do Rio de Janeiro inaugura o novo túnel para a passagem do trem bala do marreta". No Twitter, lugar em que houve o primeiro compartilhamento, o vídeo é postado junto ao comentário: "amassaram a mina, intendeu [sic] ou não ou não intendeu [sic]?" seguido de muitos "kkkkk". O delegado responsável pelo caso então questiona se a menina "gostava de fazer sexo com vários homens". (G1 Rio, 2016)

O ano ainda é 2016. Uma sessão da Comissão de Direitos Humanos na Câmara dos Deputados em Brasília debate o tema estupro no país. O Deputado Federal Marco Feliciano, que em 2013 presidiu esta mesma Comissão, rebate o, a essa altura, famigerado argumento de que existiria uma cultura de estupro em nível nacional. Ele admite ter ido atrás do significado da palavra "cultura" para melhor esclarecer seu ponto: "Cultura tem a ver com crença, arte, moral, lei e costumes", – dá-se o início de sua fala – "No nosso País, não existe uma religião que apoie o estupro. Então, portanto, não é crença. No nosso País, não existe beleza no estupro, então, também não é arte. No nosso país, também não existe moral no estupro, e não há lei que apoie o estupro", – para, por fim concluir – "Tampouco [existe] o costume do estupro." Nesta mesma sessão, ficamos sabendo também que o parlamentar mora em uma casa com 6 mulheres (sua mãe, esposa, sogra e três filhas) e que ele sempre ensinou as suas mulheres que elas se deem o respeito para que possam ser respeitadas. (Affonso, 2016)

O ano é 2018. Assistimos à pré-candidatura ao cargo de Presidente da República de um homem, então deputado federal, que noutra ocasião dirigiu-se a uma deputada, sua colega de ofício, em Sessão Plenária, para dizer que não a estupraria porque ela não merece. Também a chamou de vagabunda. (Pinto & Lucciola, 2014)

A este, hoje, fora concedida a função de chefe máximo do Poder Executivo.

PARTE I – UM LIMITE À LITERATURA

CAPÍTULO 1
APROXIMAÇÕES CRÍTICAS

Falar dos romances sem discorrer sobre as autoras por trás das obras seria uma desonestidade em um trabalho que tem por mote apurar um olhar contemporâneo sobre um tema que está bem distante de ser considerado "característico de nosso tempo". O mais correto, possivelmente, seria dizer um tema característico de todos os tempos, entre este de agora e todos os outros que o antecederam, embora a maneira pela qual essas autoras figuraram o estupro em seus textos parta também de uma preocupação atual e pungente.

Ao selecionar os romances *Mar azul* (2012) e *Desesterro* (2015), tentei, em um primeiro momento, encontrar aspectos do que chamo de uma "retórica do estupro", supostamente contida em ambos os textos e que, por conta de justamente poder ser observada, é recontada a partir de semelhanças do trabalho das autoras no trato com o tema e, vale dizer, não por acaso pode ser amplamente reconhecida, investigada e posta à prova.

Em segundo lugar, penso não ter perdido de vista alguns antagonismos que se evidenciam ao colocar *Mar azul* e *Desesterro* participando de um mesmo diálogo entrecruzado, uma vez que as duas realidades representadas nos romances pertencem a mundos completamente opostos que, no entanto, encontram-se, à medida que percebemos em tais obras uma espécie de tormenta com tudo aquilo que é circundante, denotando uma preocupação em relação a um feminino que, sem poder ser de outra forma, já é ele próprio também periférico, esteja ele localizado próximo a condições de privilégio ou a situações de fome absoluta.

Certamente poderia ter sido realizada uma única análise, no sentido de trazer para o foco desta pesquisa um único romance com uma única narrativa de estupro sem, contudo, deixar de apresentar certa riqueza de conteúdo. Poderiam, ainda, ter sido trazido para o centro da discussão romances e narrativas de estupro escritas por autores homens que se propuseram a explorar esta mesma temática em seus textos, a fim de apresentar às pessoas interessadas um determinado ponto de vista, anulando outro, baseado em discussões de gênero, representações da mulher e da violência que a atinge. Não o fiz por três razões distintas e respectivas a cada uma das discussões levantadas.

Em primeiro lugar, por não assumir uma conceitualização de gênero baseada em princípios que parecem mais preocupados em evocar uma universalização da diferença e essencializá-la em um binarismo entre gênero masculino/gênero feminino largamente orientado pelo sexo biológico, o que Adrienne Rich (2003 [1980]) e, mais tarde, Judith Butler (2016), chamariam de "heterossexualidade compulsória". Isso significa dizer que, a partir do momento em que assumisse um aporte teórico baseado em gênero (prática muito comum dos trabalhos de literatura que se apropriam de tais discussões para pensar as representações femininas em textos literários), eu estaria correndo o risco de manter as mulheres representadas tanto em *Mar azul* como em *Desesterro* como idênticas em suas particularidades mais complexas, aproximá-las de forma a invisibilizar seus traços mais singulares, reproduzir discursos que tomam todas as mulheres como vítimas e todos os homens como agressores, recaindo em uma hierarquização de poderes que acaba por reproduzir os mesmos efeitos de verdade que a própria retórica do estupro pressupõe e a qual tenho como objetivo principal ir contra.

Dito isso, alinho essa explicação também ao distanciamento que tomo da categoria "mulher", sobre a qual a literatura se debruça, outro tema que, na realidade, percorre os mesmos problemáticos caminhos dos estudos de gênero. Ou seja, "é difícil nesse contexto, senão impossível, falar sobre a mulher sem invocar o feminino biológico, ou seja, o senso genérico de mulher", como sugere a professora Rita Terezinha Schimdt (2017, p. 82). "Muitos dos argumentos contra os estudos de gênero convergem para dois pontos: o desvio da preocupação com a identidade mulher e o esvaziamento da autoridade interpretativa com que as mulheres falam de mulheres (Sadlier, 1997) ou, como diz Annette Kolodny, a crítica feminista está "em perigo de se tornar mais um discurso no qual os homens falam com homens sobre mulheres (1988, p. 459)" (SCHMIDT, 2017, p. 84), complementa a autora.

Nesse sentido, torna-se mais vantajosa, para o propósito deste trabalho, a discussão proposta por Teresa de Lauretis no livro *Technologies of Gender* (1987), mais especificamente no ensaio que abre a coletânea, intitulado "The Technology of Gender", cujo objetivo é investigar quatro hipóteses levantadas pela autora, a saber: o gênero é representação; a representação de gênero é a sua própria construção; a construção de gênero acontece ativamente hoje tanto quanto acontecia antes; e, por último, paradoxalmente, a construção de gênero é também afetada pela sua desconstrução.

1.1. APROPRIAÇÕES TEÓRICAS SOBRE AS CATEGORIAS "GÊNERO" E "MULHER"

A autora italiana Teresa de Lauretis apropria-se, em seus estudos, das reflexões apresentadas no trabalho histórico-genealógico sobre a sexualidade realizado por Michel Foucault (*História da sexualidade: a vontade de saber*), elaborando uma crítica contundente à exclusão da conexão entre as mulheres, em específico, e a sexualidade, ou ainda à identificação do sexual com o corpo feminino – tão enraizada na cultura ocidental –, sendo que tais problemáticas já estavam sendo discutidas pela crítica feminista anterior ao trabalho publicado e independente dos apontamentos de Foucault (DE LAURETIS, 1987, p. 13).

De Lauretis aponta ainda que negar o gênero (que é basicamente o que autores como Foucault, Deleuze ou Derrida, classificados por ela como "*contemporary, radical, but male-centered theorists*" vêm refletindo sobre questões epistemológicas no campo em que atuam) é, em primeiro lugar, "[...] negar as relações sociais de gênero que constituem e validam a opressão sexual das mulheres" (DE LAURETIS, 1987, p. 15). Como segundo ponto, a autora afirma ainda que "negar o gênero é manter-se 'na ideologia'; ideologia esta que (não coincidentemente se não, é claro, não intencional) está manifestadamente autosservindo ao sujeito do gênero masculino" (DE LAURETIS, 1987, p. 15).

Assim, não tenho por intuito negar a noção de gênero, mas a entender como um constructo subjetivo baseado em diferenças sexuais (em oposição às divisões sexuais, como propostas por De Lauretis (1987), as quais tendem a assumir um caráter biologizante) que são produzidas a partir de sistemas de representações cujos resultados tornam impossível verificarmos de antemão. Dentro desses sistemas vemos, por exemplo, a literatura ou o cinema como espaços privilegiados de exposição de uma determinada categoria de "mulher" delineada por uma suposta caracterização feminina que, no mais das vezes, atende a um olhar masculino e tão somente.

Tentei, portanto, combater a noção de gênero e interpretações desses sistemas de representação que menos deslocam este olhar do que reposicionam mais confortavelmente dentro de uma lógica patriarcalista difícil de ser alterada, pois mantém as mulheres em uma passividade latente, e os homens como eternos desencadeadores de ações. Afirmo, então, em conjunto com os apontamentos de De Lauretis (1987), sobre as representações sociais de gênero em concomitância com as construções subjetivas das mesmas atuando em um constante processo de autorrepresentação, que "a representação social de gênero afeta a sua construção subjetiva e que, vice-versa, a representação subjetiva de gênero – da autorrepresentação – afeta a sua construção social, dá espaço para uma possibilidade de agenciamento e autodeterminação no nível da subjetividade e até mesmo da individualidade nas práticas micropolíticas e cotidianas" (DE LAURETIS, 1987, p. 9).

1.2. AS REPRESENTAÇÕES DA VIOLÊNCIA "CONTRA"

Neste livro, distancio-me ainda dos estudos que se preocupam com as "representações da violência contra a mulher na literatura", ou até mesmo fora dela, por entender que uma tal denominação desloca a figura masculina como promotora dessa violência e passa a entendê-la como endêmica, sem especificar culpados.

Os efeitos políticos ocasionados pela expressão "violência contra a mulher" fazem com que o foco, mais uma vez, recaia apenas sobre as mulheres, como se não houvesse agente ativo na expressão, quando, na verdade, sabemos que a maior parte dos estupros é cometido por homens. O fato de estarmos a todo momento falando sobre quantas mulheres foram estupradas, e não sobre quantos homens as estupraram, denota um conformismo que vai de encontro aos objetivos deste trabalho, uma vez que a retórica do estupro proposta nos romances *Mar azul* e *Desesterro*, ainda que tenha sido escrita por mulheres, é viabilizada por meio de um discurso masculino na fala de uma personagem masculina em meio a um ambiente masculinista que deixa transparecer os mais variados impedimentos à própria condição de mulher enquanto sujeito, antes de uma categoria.

Embora a discussão sobre os malefícios de se pensar o estupro como um ato violento qualquer venha apenas na parte 2 deste trabalho, nunca é demais lembrar que o estupro não só é um ato violento, como é ele também uma violência sexual cometida e perpetuada por homens, em uma sociedade em que as próprias práticas sexuais são subsidiadas por uma mesma retórica, que, em última instância, não deixa de ser também a retórica do estupro. *Estaríamos, com certa insistência, confundindo violência sexual com sexo sem violência coercitiva?*

À luz dessas reflexões, optei por inverter o complemento nominal que intitula a seção do capítulo seguinte a este: "O estupro de R" ou, posteriormente, "O estupro de Tonho". Primeiro, porque não tenho a intenção de soltar um acontecimento tal como o estupro sem envolver agentes que o cometeram (mas acho que talvez isso já tenha ficado claro em outro momento ao longo do texto). Eu poderia dizer "o estupro da protagonista de *Mar azul*", a fim de evitar a ambiguidade, mas não seria legítimo. O estupro, o crime de estupro, pertence a R e tão somente. Desse modo, parto para a minha segunda justificativa que diz respeito precisamente ao crime de estupro, que é de responsabilidade do homem no romance aqui analisado. Em uma tentativa de realçar o papel do homem em um crime tal, em detrimento do papel da mulher, muno-me sintaticamente de uma inversão simples que, no entanto, reverbera em termos políticos. Quando falamos do "estupro de", ou da "violência contra", temos por hábito localizar as mulheres automaticamente como agentes passivos da ação, como se pudesse de algum modo ser diferente, quando a ação, em si, não lhes diz respeito. Nada, em realidade, do que acontece em um atentado sexual, lhes diz respeito, é uma mera imposição de dever prescrito por homens para homens sobre mulheres. A "violência contra" tem por base o mesmo princípio, uma vez que não são as mulheres as causadoras da violência; são elas, ao contrário, que carregam os efeitos dessa violência enquanto desgraça. É claro que a preposição "contra" poderia fazer as vezes de uma oposição, mas ela não faz. A "violência contra" parece soar mais como um "em direção a" do que uma contrariedade de fato. Nós não falamos em violência contra os homens, porque se parte do pressuposto de que a violência tem seu sentido semântico em si contido e poderíamos, com certeza, quem sabe em uma outra realidade, fazer funcionar o termo violência de forma isolada, também em relação aos eventos violentos da vida das mulheres; todavia, isso não acontece porque até mesmo a violência sentida pelas mulheres passa a ser relativizada ao colocarmos uma preposição em confronto com o direcionamento que toma essa mesma violência: ela é contra as mulheres; por que eu, homem, me preocuparia? Ou, pior, a "violência contra" indica mais uma vez este distanciamento entre homens e mulheres (e agora poderíamos talvez pensar, não em uma oposição propriamente dita, mas em um antagonismo inerente a ambos os gêneros), um distanciamento que parece não ser estabelecido de outra forma senão pelo confronto: a violência cometida por homens contra as mulheres: homens X mulheres.

Se quisermos ser mais precisos nas definições, podemos recorrer a dois dicionários da língua portuguesa, um de Portugal, e outro brasileiro, na entrada concernente ao termo "estupro" e verificar: "Acto de forçar alguém a ter relações sexuais contra a sua vontade, por meio de violência ou ameaça", ou ainda "Crime que consiste em obrigar alguém a manter relação sexual mediante ameaça ou violência", e, figurativamente, segundo este mesmo dicionário: "Violação brutal", associando então o trecho de *Noites do sertão*, de Guimarães Rosa, em que lemos "Oh, aquilo horrorizava, parecia uma profanação bestial, parecia um estupro." Ou seja, o estupro é dos homens. E horroriza. O estupro é de R. É de Tonho. Se aos homens é sempre preciso associar um determinado comportamento desencadeador de ações, então é possível perceber como essas ações se colocam enquanto leque de opções a serem escolhidas e levadas a cabo por eles. O estupro é uma dessas opções, e por mais torpe e miserável que ela possa parecer, ao deixarmos de lado a figura do estuprador e ressaltarmos a figura de quem foi estuprado, passamos a conferir miséria e torpeza a quem nunca foi dada opção alguma, reforçando, com isso, um estereótipo. Ou melhor, dois: o estereótipo de que poucos homens, na realidade, estupram; e de que, se as mulheres não falam sobre o assunto, é porque provavelmente, ou o encararam com deleite, ou estariam mentindo.

1.3. O TERMO "VIOLAÇÃO"

Surge, porém, o termo violação. *The rape of Lucrece*, "A violação de Lucrécia", é como foi traduzido o poema lírico de Shakespeare para o português. Mas por que "violação" e não "estupro", se o substantivo "rape" acomoda melhor este em virtude de também existir o termo "violation" em inglês com os mesmos significados? O problema da palavra "violação" é que ela pode se referir a muitas coisas, e quando digo coisas, é porque são coisas mesmo, e ao lado de todas essas coisas, coloca-se também a mulher, "coisificando-a". Dificilmente ouvimos alguém dizer ou lemos "um homem foi violado" (a não ser que sejamos portugueses e acessemos sites de Portugal em que as notícias trazem nas manchetes várias referências a "homens violados". No Brasil, o mais comum é nos referirmos a "homens estuprados") e talvez as questões que subjazem essa preferência por um termo em detrimento a outro venha também de seu significado legitimado formalmente:

> violar 1. cometer violação ou desrespeito de norma, lei, acordo, etc.; 2. desrespeitar lugar sagrado ou merecedor de respeito; 3. abrir sem pedir autorização (ex.: violar correspondência é crime); 4. forçar a abertura (ex.: os bandidos tentaram violar o cofre); 5. entrar ilegalmente; 6. Tornar público sem permissão (ex.: violar um segredo); **7. forçar alguém a ter relações sexuais.**

violar 1. desobedecer (lei, ordem, acordo): Violou várias leis do código penal; **2. Estuprar, violentar: preso por violar cinco mulheres**; 3. Faltar ao respeito com; desrespeitar; profanar: violar a memória dos avós; 4. Abrir (caixa, correspondência, documento, etc.) sem permissão; 5. Entrar, penetrar em, sem ter permissão: O delinquente violava domicílios; 6. Devassar ou tornar público (segredo, intimidade, etc.): O repórter violou a vida íntima da atriz; 7. Abrir ilegalmente ou arrombar: Violou a caixa-forte da empresa.

Duas informações saltam aos olhos a partir das definições encontradas nos respectivos dicionários. A primeira delas é como a palavra violar pressupõe uma certa sacralização daquilo que está sendo violado: "desrespeitar lugar sagrado ou merecedor de respeito" (PRIBERAM, n.p.); "faltar ao respeito com; desrespeitar; profanar" (AULETE, n.p.), pressupondo que saibamos em todas as ocasiões o que merece respeito e o que não merece, sendo que o próprio respeito é institucionalizado. A segunda, como já havíamos mencionado anteriormente, é como a violação enquanto estupro se insere ao lado de outras violações que não tratam de corpos humanos, e sim de bens ou ideias: "violar a lei", "violar correspondência", "violar o cofre", "violar um segredo", "violar a memória", "violar caixa", "violar domicílios", "violar caixa-forte". A própria ideia de "entrar sem permissão" já afasta qualquer condição de humanidade do corpo humano, tornando-o um mero receptáculo, algo no qual é possível que se entre, uma caixa, um cofre. Ou até mesmo um vaso, como nos alerta Michelle Perrot (2007), "a mulher não passa de um vaso do qual se pode esperar apenas que seja um bom receptáculo" (PERROT, 2007, p. 23). Denota-se essa mesma ideia no conto não-coincidentemente denominado *O vaso*, escrito por Olavo Bilac, sob o pseudônimo de Bob, e que faz parte da coletânea de textos reunidos no livro *O corpo descoberto - Contos Eróticos Brasileiros (1852-1922)* pela professora Eliane Robert Moraes (2018), em que se lê ao começo: "Oh! o lindo, o lindo vaso que Celina possuía! e com que carinho, com que meiguice tratava ela as flores daquele vaso, o mais belo de toda a aldeia!" (BILAC, 2018, p. 84), seguido do conflito "Não se sabe o que houve: sabe-se que Celina, chegando à casa, tinha os olhos cheios de lágrimas, e queixava-se, soluçando, de que haviam roubado as flores do seu vaso" (BILAC, 2018, p. 85), para terminar na fala da personagem João das Dórnas, "o terror dos pais e dos maridos": "-Ninguém roubou as flores da rapariga, ó homens! Eu é que lhes fiz uma rega abundante, porque não admito flores que estejam toda a vida sem dar frutos..." (BILAC, 2018, p. 85).

Se temos como princípio, em nossa sociedade que se devam inserir coisas nas mulheres pelas mãos dos homens, quer sejam instrução limitada, comida paga ou pênis ereto, então se torna mais fácil entender porque, por exemplo, as práticas homossexuais tornam-se uma ameaça à conduta masculina e ao poder proveniente dela.

Nas palavras de Andrea Dworkin (1984), ao tratar de homofobia em seu comovente discurso intitulado *I Want a Twenty-Four-Hour Truce During Which There Is No Rape*, postula-se que:

> A homofobia é muito importante: é muito importante para a maneira como a supremacia masculina funciona. Em minha opinião, as proibições contra a homossexualidade masculina existem a fim de se proteger o poder masculino. Faça com ela. Isso significa: a partir do momento em que os homens estupram, é muito importante que os homens estejam direcionados a estuprar mulheres. A partir do momento em que o sexo é cheio de hostilidade e expressa tanto poder ou contentamento por sobre outra pessoa, é muito importante que os homens não sejam desclassificados, estigmatizados enquanto femininos, usados de maneira similar. O poder dos homens enquanto classe depende de manter-se a sexualidade deles inviolada e a das mulheres usada por eles. A homofobia ajuda a manter este poder de classe: ela também ajuda vocês [homens] enquanto indivíduos a sentirem-se seguros em relação uns aos outros, seguros do estupro. Se vocês querem fazer algo a respeito da homofobia, vocês terão que fazer algo em relação ao fato de que homens estupram, e que sexo forçado não é incidental à sexualidade masculina mas é, na prática, paradigmático. (DWORKIN, 1984, p. 69)

Não obstante, vemos e ouvimos discursos masculinos direcionados a mulheres lésbicas em que a condição mesma de essas mulheres decidirem por sua própria sexualidade é determinada como um equívoco: "elas precisam de um homem" ou "elas ainda não encontraram o homem certo", todas afirmações voltadas exclusivamente para a sexualidade, porque, segundo o pensamento masculino heterossexual, aquele dos seres sem devir, como diria Deleuze, as lésbicas (as socialmente aceitas, claro, aquelas que *nem parecem lésbicas*) servem como um fetiche. A redução da mulher lésbica a um fetiche e do homem gay à repugnância deveria bastar para conseguirmos entender que a violação é permitida em alguns corpos, enquanto noutros não. Dito isso, será que quando tratamos do estupro estamos falando de violação? Será que quando tratamos de um crime estamos falando de um transpassar de limites corpóreos, extensão de um sujeito? Ou estamos apenas falando de um *tour* masculino que se apresenta como experiência para os homens enquanto as mulheres servem de terra pisada?

Considero de extrema importância avaliar todas essas questões antes de chegarmos até a análise dos textos de Paloma Vidal e Sheyla Smanioto, uma vez que não me referirei ao estupro como violação. Assumo o crime de estupro enquanto responsabilidade de R, responsabilidade de Tonho, portanto "o estupro de R", bem como "o estupro de Tonho" e a condição imposta às protagonistas como um atentado sexual, e não uma violência pura e simples. Até porque, "atentado" tem por definição uma "tentativa ou execução de crime contra pessoas, ideias, etc., geralmente em nome de uma causa política ou religiosa", e o que vem a ser o estupro senão advindo também de uma causa política e/ou religiosa?

1.4. LITERATURA, MARGENS E BORDAS

Não deixo, contudo, de voltar-me ao literário dos romances e, neste sentido, é preciso que se dê uma atenção especial à questão que inevitavelmente se coloca, a saber: de que lado eu me posiciono, neste confronto sem fim do campo literário? Isto é, em poucas palavras: *de que modo se explica, para mim, a Literatura?*

Para tanto, tomarei as palavras de Jacques Derrida (2014 [1992]) (como não?), por entendê-las como uma justificativa para colocar *Desesterro* e *Mar azul* lado a lado enquanto literatura, embora um possa ser caracterizado como *marginal*[2], e o outro, não. Derrida, ao ser questionado por Derek Attridge acerca dos textos literários sobre os quais escreveu, e que para o entrevistador poderiam ser chamados de "um conjunto homogêneo", responde:

> Todos esses "textos modernistas do século XX ou, pelo menos, não tradicionais" têm em comum o fato de estarem inscritos em uma experiência *crítica* de literatura. Em si mesmos, ou até em seus atos literários, eles carregam e articulam uma pergunta, sempre a mesma, mas a cada vez colocada de maneira singular e diferente: "O que é a literatura?" ou "De onde vem a literatura?", "O que se deve fazer com a literatura?" Esses textos operam um tipo de retorno; *são*, eles próprios, uma espécie de retorno à instituição literária. Não que sejam somente reflexivos, especulares ou especulativos, nem que suspendam a referência a algo mais, como é tão frequentemente sugerido por rumores estúpidos e desinformados. E a força do acontecimento deles se deve ao fato de que um pensamento sobre sua própria possibilidade (geral e singular) é acionado em uma obra *singular*. (...)

---

[2] Voltaremos a este tópico mais adiante.

Sua história *se constrói* como a ruína de um monumento que basicamente nunca existiu. É a história de uma ruína, a narrativa de uma memória que produz o acontecimento por relatar e que nunca terá estado presente. Nada poderia ser mais "histórico" (...)". (DERRIDA, 2014, p. 59-60, grifos do autor)

A fala de Derrida tem por consequência duas tomadas de posição em relação ao trabalho que aqui está se desenrolando. A primeira delas é que não entendo o trabalho acadêmico em torno da crítica literária como à mercê de uma determinada definição, ou de determinado conceito, ou ainda, de determinadas linhas teóricas que assumiriam o papel de "formar" uma concepção de literatura a qual deve se manter intacta nas análises subsequentes, uma vez que o trabalho acadêmico não tem por mote fazer literatura. Se partimos do pressuposto de que a literatura tem sua conceitualização amparada por uma definição *a priori*, teríamos de novamente nos reportarmos a uma espécie de cânone, o que significa dizer também: a processos de exclusão institucionalizada. Teríamos, do mesmo modo, de deixar de lado as autoras aqui analisadas bem como os temas por elas trazidos; ou será possível que a crítica feminista dite regras do como fazer e o que colher? Não acredito nisso. Tanto a crítica feminista, quanto a ginocrítica, ou mesmo os estudos de gênero, bem como a desconstrução ou as teorias e a crítica pós-coloniais, nos servem de base para inverter o jogo, mas não nos dão um jogo já solidificado – ou, ao menos, não deveriam –, porque, se o fizessem, recairiam nas mesmas hierarquizações que denunciam, cada uma a seu modo[3].

A segunda tomada de posição, se quisermos mesmo traçar formas, é que parto do conceito de literatura sobrevindo da ficção que analiso, isto é, da maneira como entendo que as autoras se esforçam por responder os questionamentos propostos por Derrida – o que é a literatura? de onde vem a literatura? o que se deve fazer com a literatura? –, no próprio trabalho ficcional concebido por elas. Se direciono a primeira pergunta à Sheyla Smanioto, certamente sua resposta será diferente da de Paloma Vidal sem, contudo, cair em enganos. Se para Smanioto, a literatura deve ser lida "com o corpo inteiro" (Rodrigues, 2015), produzindo reações físicas em quem lê seus textos, Vidal talvez leve o perfeccionismo da palavra e da sintaxe às últimas consequências

---

[3] Voltamos àquela discussão sobre por que não me alinhar aos trabalhos que indicam representações da mulher na literatura ou à violência contra. O trabalho com a linguagem, qualquer que seja ele, parece estar sempre sujeito a uma catástrofe de percepção.

e, no que me compete, aceito as abordagens que as autoras, juntamente com os seus trabalhos, fazem chegar até mim, e tento me movimentar por entre elas. Assim, se quisermos ir ao encontro de definições e postulados, talvez nos sirva dizer: onde há movimento, há literatura, porque a literatura pressupõe certos tipos de colisão.

1.5. O MÉRITO DA ANÁLISE COMPARATISTA

Antes de tratarmos das obras em questão, é preciso que se retome ainda a relevância de se pensar as narrativas de estupro sob a perspectiva da literatura comparada, se bem que já traçamos alguns percursos no primeiro parágrafo deste capítulo, mas apenas no sentido de explicitar o tema e esboçar alguns pontos de contato mais evidentes.

Não temos, contudo, fatores específicos que fazem com que as autoras empíricas se encontrem, para além de serem consideradas escritoras brasileiras contemporâneas. Unir *Mar azul* a *Desesterro* pode parecer até mesmo um equívoco do ponto de vista da crítica literária, por se apresentarem como obras completamente diversas, com efeitos de significados diferentes, com estruturas narrativas distintas, com focos literários distintos (o que, evidentemente, não seria também nenhuma novidade para o comparativismo, mas faço justiça ao mencionar). Uma aproximação esquisita, para dizer o mínimo.

Ainda assim, é justamente nessa diferença que tentarei embasar minha análise, uma vez que, por mais diferentes que se apresentem essas obras para as pessoas que as leem, a temática sobre a qual me debruço vem representada sob uma mesma concepção de como se dá o crime de estupro em dois contextos que, embora estejam permanentemente distintos, fazem funcionar os mesmos discursos de uma mesma forma. E é a isso que esta pesquisa se dedica.

Ademais, se tomarmos o romance *Mar azul* como engendrado no espaço ditatorial argentino, seguido de uma espécie de exílio no Rio de Janeiro levado a cabo pela protagonista, e o romance *Desesterro*, como concebido no espaço de um "Brasil profundo" (para tomar de empréstimo as palavras de Michel Laub e Noemi Jaffe, que assinam a orelha do romance), o qual pode ser localizado ao mesmo tempo dentro e fora de um regime ditatorial brasileiro, seguido também de uma espécie de exílio em São Paulo, levado a cabo da mesma forma pela protagonista, então veremos duas narrativas que se complementam, à medida que ambas estão em busca de uma fuga que, no final das contas, não é possível de ser concretizada, pois parte de um movimento concêntrico: a memória.

Prefiro, a partir daí, justificar a opção pelo trabalho com o comparativismo por meio das reflexões propostas novamente pela professora Rita Terezinha Schmidt (2013), quando afirma que "no comparativismo não existe um objeto de estudo definido nem uma metodologia clara, uma vez que se trata da construção do objeto em um campo de significação que privilegia as relações, elas mesmas engendradas por meio de uma práxis de aproximações" (SCHMIDT, 2013, p. 309-310). Dessa forma, apropriamo-nos das palavras da autora e assumimos uma concepção comparatista a qual prevê "um estado de insubordinação às convenções, generalizações, reducionismos e cristalizações de qualquer fronteira: do texto, da cultura, da identidade, de práticas do pensamento" (SCHMIDT, 2013, p. 310).

Dedicando-me a essa insubordinação, voltemo-nos, agora, aos romances.

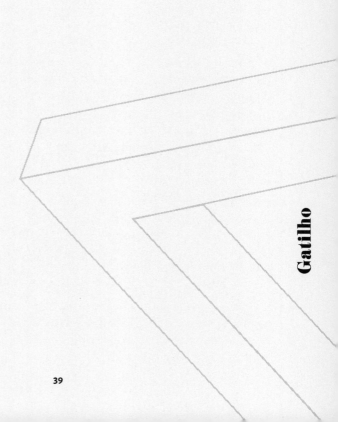

CAPÍTULO 2
O *MAR AZUL* DE PALOMA VIDAL

2.1. FATOS E FACTUALIDADES

Nascida em 1975, na Argentina, Paloma Vidal iniciou seu incurso brasileiro aos dois anos de idade quando chegou na cidade do Rio de Janeiro junto de seus pais, e onde residiu dos dois até os vinte e cinco anos. Mudou-se, então, para São Paulo, cidade em que trabalha e vive até os dias de hoje, atuando como professora de Teoria Literária na Universidade Federal de São Paulo (Unifesp). Com carreira já consolidada também no meio literário, a autora tem mais de dez livros publicados, entre contos, romances e poemas, além dos ensaios *A história em seus restos: literatura e exílio no Cone Sul*, publicado em 2004, pela editora Annablume, e *Escrever de fora: viagem e experiência na narrativa argentina contemporânea*, publicado no ano de 2011, pela editora Lumme. Realiza ainda trabalhos de tradução com obras de importantes nomes tais como Clarice Lispector, Tamara Kamenszain e Lina Meruane. No ano de 2010, foi uma semifinalista do Prêmio São Paulo de Literatura com o livro *Algum lugar*, seu primeiro romance. Tendo como ponto de partida para os seus escritos este entrelugar característico de sua constituição subjetiva – argentina ou brasileira? carioca ou paulistana? (o que justifica porque jamais se naturalizou brasileira) –, Paloma Vidal afirma, em entrevista (Ghetti, 2012), ser esta a questão que atravessa toda a sua ficção e que, portanto, "efetivamente meu trabalho seria outro se essa vivência de deslocamento não tivesse me marcado tão profundamente" (Ghetti, 2012). "As zonas pardas da memória" é como se estruturou a pergunta feita pela Editora Rocco em entrevista (Rocco Entrevista, 2012?) com Paloma Vidal ao tentar resumir em poucas palavras as temáticas abordadas por ela. As zonas pardas da memória embalam todo o romance, direcionado por uma protagonista sem nome, mas com muitos anos de vida e acontecimentos.

Começamos a ler *Mar azul* a partir de um diálogo entre duas amigas adolescentes. Um diálogo direto, sem o intervalo de narradores, que dá aos leitores a sensação de estarem vivendo com as personagens determinadas cenas em flashback, em rápidas tomadas que nos atingem à medida que vemos ali se desencadear um suposto romance junto a vários silêncios quebradiços vividos por ambas as personagens. Depois de vinte e nove trechos fragmentados do diálogo entre as duas, submergimo-nos na pausa da narrativa de uma senhora que acha que lembra demais para a idade dela. Uma senhora rememorando, às vezes comprando briga, às vezes deixando passar intocável, seu baú de memórias mais denso. É interessante notar o efeito que o diálogo-prólogo causa ao de repente nos depararmos com um capítulo primeiro que até então não existia. Sabendo que uma das amigas que conversavam é, agora, quem nos obriga a reviver este passado com ela, parece que nós, enquanto leitores, passamos junto com ela a ter uma memória das coisas vividas, e nos voltamos a elas ao longo de todo o romance, por meio da fala da protagonista, porém, mais ainda por meio das falas de uma conversa que em nossas cabeças também, de fato, existiu.

2.2. "AS ZONAS PARDAS DA MEMÓRIA"

Mar azul inscreve-se e escreve-se no contexto da ditadura militar argentina em concomitância com o presente temporal da narradora sendo vivido no Brasil, que é para onde ela vai depois que sua amiga Vicky desaparece no dia 26 de junho de 1976. Segundo Boris Fausto e Fernando J. Devoto (2004), o ano de 1976 marcou um período em que "a repressão com características hediondas apenas começava" (FAUSTO; DEVOTO, 2004, p. 456) e, nesse sentido, tal contexto repressivo acaba se transbordando em pequenos pontos outros de repressão. A repressão, o freio, o comedimento são de diversas formas figurados na obra, não apenas do aspecto literal em que pessoas, de fato, desapareciam e eram até mesmo jogadas de aviões ao mar, mas também do aspecto subjetivo em que vemos uma mulher se autorrepreendendo o tempo todo para que as suas lembranças não a afoguem. Uma vida marcada pelo desaparecimento da melhor amiga, pelo estupro cometido pelo namorado contra ela quando ainda estavam na escola (falarei disto mais adiante, evidentemente), pela ausência da mãe, pelo abandono e descaso do pai; não poderia mesmo soar mais repressiva. E a maneira como ela lida com esse constante autoafastamento da memória é por meio dos cadernos-diários deixados por seu pai, e que ela teve que ir buscar em Brasília depois de ter sido informada de que ele havia morrido. À medida que vai tendo contato com as palavras do pai, vai, no verso das folhas, na sombra da escrita masculina, desenrolando a sua voz destituída de atenção, e atravessamos com ela o ritmo de seu compasso diário feito maré: ora alta, ora baixa, incessante. São os seus pensamentos que nos conduzem, ao mesmo tempo em que o diálogo corrido ao começo da obra torna-se um fato, um evento, que se insinua até o fim e fecha também o capítulo 50, surgindo logo em seguida. Chamarei isso de factualidade do fato, ainda que Vidal tenha dito que "o uso do diálogo sem narrador no início está relacionado a experiências que tenho tido recentemente escrevendo para teatro" (Rocco Entrevista, 2012?). A factualidade do fato diz respeito a circunstâncias que se escancaram a olhos vistos, e mesmo assim são ignoradas. A escolha por não deixar a cargo de quem as lê "desconfiar" destas personagens, uma vez que estamos acostumados com este narrador ou com esta narradora oniscientes em primeira pessoa, que descrevem tudo do ponto de vista deles, e nos esforçamos para perceber que talvez os pontos de vista de quaisquer personagens, humanos ou não, sejam diferentes, posiciona-nos defronte a um problema: é um fato, aconteceu, e eu preciso encará-lo como tal. Factualizá-lo. A factualidade do fato. Assim, o movimento que Paloma Vidal realiza em sua obra é acertado do começo ao fim, se bem que em alguns momentos fiquemos mareados.

2.3. O NOMINÁVEL DOS INOMINÁVEIS

Bem, falamos do contexto argentino, em que, se formos traçar uma trajetória linear para a história da narradora, diríamos que é o ponto de partida do romance, e terminamos no Rio de Janeiro. Quer dizer, em nenhum momento vemos escritos os substantivos próprios das cidades, mas é facilmente legítimo, penso, imaginar uma mulher de cerca de 65 anos atravessando as ruas de Copacabana, indo até consultórios médicos que ela encontra nas listas do plano de saúde. Ou caminhando até uma piscina. Ou conversando com alguém em uma banca de jornal. Ao mesmo tempo, como já havíamos destacado em um artigo intitulado *A maré em escrita em Mar azul (2012), de Paloma Vidal*, existem outras possibilidades para este aspecto "inominal" da obra:

> (…) em momento algum do romance a autora cita os nomes dos países em questão, deixando a cargo dos leitores perceber que talvez o mérito maior da obra não esteja situado na representação de um país em um determinado período de sua história, mas, antes, na representação dos efeitos da arbitrariedade da vida e de escolhas alheias às dela na subsequente produção e descrição de estados de ânimo, os quais poderiam ocorrer a qualquer

> pessoa, em qualquer lugar. E contextos repressivos, sem dúvidas, partem de arbitrariedades. (DÖLL; PACHECO, 2018, p. 128)

Não vemos, da mesma forma, surgir claramente a idade da protagonista. Sabemos muito pouco, aliás, sobre ela, fora as suas lembranças e os fatos narrados no início. Deduzimos que a amiga, com quem manteve o diálogo inicial, chama-se Vicky, pois esta personagem tem seu nome citado e associado à maior parte das lembranças da narradora. É interessante notar, portanto, quem se está nomeando[4]. Temos Vicky e temos Luis, um passageiro que acaba cativando a atenção da narradora dentro do ônibus durante a viagem de vinda ao Brasil. Temos também R, mas R não é um nome. R é uma forma de entendermos que esta foi uma personagem relevante na história que se rememora, embora seja ao mesmo tempo um intruso. Um nome que só tem começo, a primeira letra, e uma continuação que se quer estagnada por um ponto final que finaliza o pensamento sem contudo pôr fim à sombra dele – se é que é possível uma sombra que não seja tão logo um pensamento já imposto. Ainda, temos as personagens da mãe de Vicky, que acolheu a protagonista em sua casa como filha logo que se deu a partida do pai, e o próprio pai, que não precisa ter nome para percebermos que um nome mesmo não diz muita coisa, pois nomeados os atos, deixamos para trás uma pessoalidade com a qual há muito já não se convivia. É possível talvez, de uma perspectiva bastante ampla, pensarmos nos inominados como aqueles de mais idade, e aqui incluo a protagonista, ao passo que os nominados partem de uma lembrança que parece contida na juventude e limitada por ela. Pensemos como se deu o desaparecimento de Vicky, presa oficial e memorialisticamente. Pensemos como se deu a última visão de R, em meio ao tumulto ocasionado pela apreensão de Vicky no prédio em que ela e a protagonista moravam, e que teve por desfecho o pronunciamento da narradora: "(…) aquela imagem nova borrou seu passado [o de R] e a partir de então foi sempre com aquele rosto, aquela roupa e o olhar vingado que minha imaginação o reencontrou ao longo dos anos" (VIDAL, 2012, p. 108). Ou ainda, e por último, pensemos na personagem de Luis e nas descrições feitas em reminiscências a partir da escrita posterior da protagonista, as quais salientavam:

---

[4] Outros nomes podem, da mesma forma, ser encontrados no texto, tais como Nano, por exemplo, amigo da protagonista e de Vicky, o qual é citado no capítulo 27. Porém, por se tratarem de personagens secundárias, preferi não me ater às suas especificidades.

> Penso em como imaginava o futuro naquele momento. Havia uma espécie de vácuo, me parece, ou melhor, algo como um monte de nuvens vistas de alto; ou ainda, como a visão horizontal de plantas ou animais do mesmo tipo e em quantidade: algo que não se pode distinguir à primeira vista, mas que se sabe que chegando mais perto se perceberá e se tornará uma coisa do lado da outra, como uma realidade criada por uma pintura. (VIDAL, 2012, p. 155)

Já as imagens de pai, mãe (de Vicky) e dela não sumiram por decreto. Os próprios cadernos recolhidos por ela são somente, em si, capazes de alterar certo entendimento que tinha sobre seu pai e a sua aparência. Ainda mais se levarmos em conta que o pai, sofrendo de alguma doença que diminuía sua memória, escreve para poder lembrar-se de coisas importantes que dizem respeito a uma vida que se acaba, e convive com o atrapalhamento de sua própria morte que o espreita. O que a protagonista enxerga, então, naqueles cadernos, não é nem de perto o que ela imaginava que poderia ter sido (poderiam ter sido anotações sobre ela, informações relevantes que ele não poderia esquecer e que dizem respeito a sua filha), e é então pela falta de terreno seguro que uma outra imagem vai se consolidando e não pode ser nomeada. A personagem da mãe de Vicky (embora "mãe de Vicky" já seja capaz de constituir um nome para fins de análise), mantém contato com ela através de cartas mesmo depois que decide partir para outro país, deixando uma imagem que pode se alterar de maneira a ficar mais próxima – o que não é o caso –, ou mais distante, por sobre um esvaziamento da relação característico de vivências que se separam ou têm de ser separadas. Contudo, a personagem-protagonista-narradora não se referencia, e esse não se referenciar pode assumir um caráter paralelo aos já tratados neste parágrafo, ou alertar para a inutilidade de saber o nome de uma personagem sem feitos extraordinários nas costas, com apenas um fluxo de acontecimentos marcados em um tempo sem tempo, em uma história desprovida de história[5]. Mas isso, é claro, são apenas linhas de pensamento que se apresentam ao encararmos um romance como *Mar azul*: essa vontade de trilhar todos os caminhos, a fim de saber o que mais aquele texto esconde.

---

5 Ou ainda, podemos relembrar o conto 'Vidas futuras", presente no livro *A duas mãos* (2008), em que Paloma Vidal escreve: "Serei a mulher que não dá nome aos seres para não sujeitá-los" (VIDAL, 2008, p. 65).

2.4. FIGURAÇÕES DO MASCULINO

Por fim, e partindo novamente das reflexões que já havia proposto em artigo crítico ora citado sobre o romance, temos a presença de figuras masculinas que, mesmo ausentes, impedem a protagonista de não estar rodeada por elas. Nesse sentido, vemos uma materialização de um poder masculino o qual não se concretiza por completo, visto que, ao possuir os diários em mãos, a narradora passa a profaná-los com as suas próprias linhas de raciocínio que de outra forma jamais seriam expostas, e as quais se opõem à proposta, ao que parece, dos cadernos. Contudo, ainda assim, faz-se pertinente apontar que:

> Num primeiro momento, a lembrança de uma pergunta feita pelo seu pai, "¿no te cansas de hablar?" (VIDAL, 2012, p. 74), a qual evidencia um silenciamento imposto pela figura masculina na vida desta narradora quando ainda jovem, ao passo que agora são as palavras dela que se juntam às palavras dele, não para completá-las e sim para transbordá-las, a fim de que possa dar conta de um relato muito maior e que tem por fundamento justamente e certeiramente a figura feminina. É interessante mencionar também, uma vez do uso do verbo "transbordar", que ao final do capítulo 5, quando descreve a lembrança de uma piscina aquecida que ela e seu pai frequentavam (...), uma das afirmações constatadas vai ao encontro desta crítica a determinadas práticas sociais e discursivas: "Os homens conversam como se o entorno não existisse." (VIDAL, 2012, p. 54). Em decorrência de tais percepções, o entorno, que pode aqui ser tomado como o feminino, segundo a concepção de backgrounding sugerida por Val Plumwood (1993), uma vez silenciado, passa a efetivamente não existir. (DÖLL; PACHECO, 2012, p. 135-136)

Deixando este eco de lembranças as mais silenciosas possíveis para trás, passemos ao foco desta seção.

2.5. O ESTUPRO DE R

Desse modo, passo agora a tratar especificamente de *Mar azul*, sobre o qual tentarei responder às seguintes questões: (1) de que maneira a narrativa de estupro contida na obra impõe-se em meio ao enredo para fins de análise?; (2) de que forma o espaço em que acontece o estupro fomenta o acontecimento?; (3) quem é a personagem responsável pelo estupro?; e, por último, (4) quais foram as escolhas narrativas de Paloma Vidal que possibilitaram um olhar atento ao crime antes de um olhar voyeurístico sobre o que se desencadeia ao longo da narrativa? Comecemos pelo começo.

2.5.1. ENREDO

Na seção anterior deste mesmo capítulo, já havíamos mencionado a estrutura particular do romance, que se inicia por meio de fragmentos, ora mais longos, ora mais curtos, de um diálogo direto entre duas amigas adolescentes. Já havíamos comentado também sobre um determinado efeito que o diálogo-prólogo causa para nós, leitoras e leitores do romance. Havíamos estabelecido que é por meio deste efeito que passamos, junto com a protagonista, a ter uma memória das coisas vividas por ela e que é por meio das suas falas que aquelas conversas em nossas cabeças também de fato parecem ter existido. Transcrevo, então, a última fala do último fragmento:

> — Fecha os olhos, isso, tá gostando, né? Eu mexo assim, devagarinho. Por trás é que é bom. Não chora, minha putinha, você queria, eu sei, eu sei, não finge que não, não me empurra assim, putinha, vem cá, fica quieta, tá bom? Tá tudo bem, né? Eu estou gostando muito. Você é minha, minha, só minha, assim não vai doer, isso, agora se mexe, vamos, não chora e se mexe, só um pouco, isso, quer mais forte, assim, né? Para de chorar e se mexe, já estou quase acabando, eu não quero te machucar, você sabe, eu quero o melhor pra você, eu quero te ensinar um monte de coisas, você é tão burra, mas eu vou te ensinar, tudo, tudinho, mas agora se mexe, vamos, mexe um pouco essa bunda, que gostosa, bem fechadinha, isso, bem apertadinha, só pra mim, só minha, do jeito que eu mandar, assim, assim, isso, não chora, não chora, assim, se mexe assim, minha putinha, assim, assim, agora eu estou em você para sempre. (VIDAL, 2012, p. 40)

Uma primeira pergunta a ser feita é: onde estão as duas amigas nesta fala? Em momento algum dos diálogos vemos alguém salientar que daqui para a frente o responsável pelo travessão referente à conversação será um homem. Este excerto em específico, aliás, é o mais longo de todos os outros fragmentos e corresponde a uma só fala, sem interrupções. Ao acompanharmos o desencadeamento de uma experiência traumática vivida pela protagonista (que é basicamente sobre o que todos os diálogos tratam), deparamo-nos com um final o qual culmina em um episódio que parecia estar sempre à espreita para nós que o lemos, e nunca para a personagem que conduz as conversas. As últimas falas do trecho de colóquio final são intercaladas por uma Vicky angustiada de terror pela amiga que, muda, não conseguia dizer mais senão as próprias palavras de R:

> — Ele fez questão de mostrar um monte de coisas, sua coleção de medalhas, uma caricatura que alguém fez dele, e disse que era assim que ele se

via, que não gosta de quem ele é, e continuou falando, mas eu não disse nada, muda, eu tava muda, o tempo todo, muda.
— Vira pra cá, para com isso, comigo você pode falar.
— Muda, o tempo todo.
— Para com isso, por favor, fala comigo.
— Acabou.
— Eu vou ficar com você.
— Fala, você tá gostando, né?
— O que você tá dizendo, vira pra cá.
— Devagar, devagar, assim, eu vou fazer bem devagar, você nem vai sentir nada.
— O que você tá dizendo, pelo amor de deus. (VIDAL, 2012, p. 39)

Assim, se queremos chegar à importância que toma a narrativa de estupro em *Mar azul* em relação a todo o enredo, por certo não podemos deixar de notar que a última memória formada antes de adentrarmos a mente da narradora, é a do estupro: "agora eu estou em você para sempre", é como os diálogos se encerram. E, embora venha como um choque, este choque parece querer mais propor um tom violento a algo posterior que poderia soar, à primeira vista, bastante sereno, como é o caso das descrições minuciosas feitas pela narradora sobre os dias passando um atrás do outro, capítulo por capítulo, do que trocar a dor pelo susto. É interessante, ainda, nesse sentido, evidenciar a primeira frase do capítulo 1: "Se um daqueles pombos sobre a mancha ensolarada do pátio levantar voo agora me deixarei arrastar pela lembrança, senão irei até a cozinha e lavarei a louça do jantar de ontem. Um deles voa e vou lavar a louça ainda assim" (VIDAL, 2012, p. 41). O que fica entre uma parte do romance e outra é que, "ao sairmos do prólogo que se finaliza por meio da narrativa de estupro, é como se mergulhássemos junto com a narradora neste vasto mar de lembranças que a mantém em estado de alerta constante"[6] (DÖLL; PACHECO, 2018, p. 133) e que tem o poder de "arrastá-la", como é o caso a partir da escolha que Vidal faz do verbo "arrastar", o qual pressupõe uma ação que, na realidade, não acontece e nem seria passível de suceder-se, mesmo que pombo algum tenha voado, pois "arrastar-se pela lembrança" não confere ação, apenas agenciamento. Um agenciamento que se procrastina a todo o momento. A narrativa de estupro, então, passa a

---

[6] Para uma análise mais aprofundada sobre os simbolismos presentes em *Mar azul*, ver: DÖLL, Karine M.; PACHECO, Keli C. A maré em escrita em *Mar azul* (2012), de Paloma Vidal. *In*: **Conexão Letras**, Porto Alegre, v. 13, n. 20, p. 125-140, jul.--dez., 2018.

ser o centro em torno do qual giram outras questões que sustentam a obra, as quais são possíveis de serem concebidas a partir do texto literário: a protagonista direciona ao seu pai uma espécie de culpa por tudo o que lhe ocorreu[7]?, ou, os cadernos de seu pai são uma forma de "jogar nas costas dele" um mal que nunca teve meios de vir à tona?, ou, a certeza de que seu pai nunca mais aparecerá a encoraja a remexer em um baú metafórico tão cheio quanto o baú em que encontrou os cadernos? Colocar o seu pai em evidência não só é imprescindível para a análise, como incontornável: a forma do romance se dá no verso das páginas escritas por seu pai. Se não fosse pelos cadernos, não saberíamos a sua história.

Em vistas disso, temos que o início do terceiro fragmento de conversa se dá da seguinte forma:

— Meu pai não ia gostar.
— Acho que não.
— Bom, mas ele foi expulso.
— Você vai contar pra ele?
— Pra que, se ele foi expulso.
— Você já contou que tem um namorado?
—Não sei se ele é meu namorado.
—Vai te buscar no colégio todos os dias. (VIDAL, 2012, p. 9)

A esta altura, seu pai já havia partido, e a comunicação que existia entre eles era por meio de cartas. O "hábito da anotação" era uma herança, que se acumulou junto aos cadernos: "Mesmo longe dele, devo ter intuído isso, porque desde cedo adquiri também o hábito da anotação. Como ele, acumulei muito papel que está guardado em armários, caixas e gavetas." (VIDAL, 2012, p. 42) No entanto, é nos cadernos de seu pai que ela delineia uma nova história desmembrada da antiga, e a antiga dizia que seu pai não esteve presente, nem a sua mãe.

— Por que ele foi expulso?
— Não sei direito. Ele fica tão nervoso quando fala nisso, diz que foi uma injustiça e que ele vai voltar.
— Então é melhor você contar pro seu pai.
— Meu pai não respondeu minha última carta.
— Às vezes ele demora.

---

[7] Estamos bem longe de insinuar que a protagonista precisaria de uma proteção do pai como forma de algum modo conseguir *evitar* o estupro. Pelo contrário. Quando tratamos da culpa direcionada ao seu pai, estamos nos referindo a um laço familiar o qual fora partido, e sendo a família nosso primeiro lar, o que se perde com a quebra é justamente o senso de pertencimento da protagonista, não a proteção.

— Acho que um dia ele não vai responder mais. (VIDAL, 2012, p. 9)

— Minha mãe não vai gostar nem um pouco disso.
— O que você acha?
— Deixa eu ver, sua cabeça é bem redondinha, engraçado, nunca tinha reparado. E você se queixava tanto de que seu cabelo era cheio demais. O problema vai ser encarar as meninas do colégio.
— Todo mundo já implica comigo mesmo, não vai fazer muita diferença.
— Você se exclui.
— Nem vem, você sabe que eu nunca fiz parte.
— Porque você não se esforça.
— Porque eu não tenho nem pai nem mãe. (VIDAL, 2012, p. 11)

O que vemos marcado nestes diálogos é uma espécie de ressentimento, aquele de que trata Agamben (2008), a partir do pensamento nietzschiano: "o ressentimento nasce da impossibilidade para a vontade de aceitar que algo tenha acontecido, da sua incapacidade de reconciliar-se com o tempo e com o seu 'assim foi'" (AGAMBEN, 2008, p. 77-78). Para uma menina de apenas 13 anos, o ressentimento poderia não vir com tais contornos, mas surgia na forma de sujeição: ela não tem ninguém, mas passa a ter alguém que a nota e parece se interessar por ela. "Parece que não acredita que alguém possa se interessar por mim" (VIDAL, 2012, p. 7), é o que diz à amiga Vicky no fragmento de conversa que abre o romance. Portanto, parece-nos razoável supor que há, sim, uma certa culpa imputada pela protagonista nas atitudes de seu pai, cujos resultados se veem refletidos nas atitudes dela mesma. Do mesmo modo, de forma paradoxal, ela tem agora, com mais idade, com a vida do seu pai nas mãos, a qual não se relaciona em nada com a da protagonista, mas que ela obriga a relacionar-se por meio de sua própria escritura. Os cadernos de seu pai passam a não valer mais nada, a partir do momento em que as palavras dela valem mais. O baú de seu pai é fechado para sempre, enquanto o dela acabou de ser aberto. São essas as respostas que ficam para as perguntas anteriormente colocadas, as quais sustentam que, orbitando a narrativa de estupro, giram outras questões. E essa também a maneira da protagonista se reconciliar com o seu "assim foi".

Contudo, não é seu pai que ela quer esquecer. "Será que consigo escrever o nome dele? Não, vou chamá-lo de R (...) Às vezes me vem uma imagem dele e eu faço um gesto rápido com a mão sobre a cabeça, como se quisesse espantar um inseto" (VIDAL, 2012, p. 67). Se nem nós, leitores das conversas iniciais, e portanto leitores do "estupro de R", conseguimos nos afastar de tal imagem mental criada pela narrativa do crime, é evidente que a protagonista também não conseguirá, o que não significa que ela não passe o romance inteiro tentando. "Uma manhã que começa com uma lembrança dessas está certamente comprometida" (VIDAL, 2012, p. 67), diz ela, depois de contar a lembrança de que um dia R encontrou uma foto da mãe dela nua, chamou-a de puta e disse para a protagonista que se ela não se cuidasse, acabaria igual a ela. Algumas páginas à frente, ela recorre ao termo "fantasmagoria" para esse eterno retorno:

> Se a adolescência tivesse encerrado nosso encontro, o passar dos anos talvez desse sentido ao que na época era tão difícil de entender. Mas a fantasmagoria tem a ver com os desdobramentos inesperados, e do efeito deles não consegui me salvar; ou pelo menos isso fixou minha propensão a não me livrar de nada. (VIDAL, 2012, p. 77)

Essa percepção de que não é possível reconhecer R de maneira racional, no sentido de dedicar a ele não apenas lembranças pontuais, mas uma corrente de pequenas narrativas que se juntam e se enredam em sua própria história (em contrapartida a todas as informações que sabemos sobre o seu pai, por exemplo, trazidas por uma vontade de entender, e não de apagar), faz da narrativa de estupro a irracionalidade *tout court*, a qual não é mesmo possível fazer passar pela razão para que possa ser compreendida. Estamos seguindo para o terceiro excerto do romance em que R é trazido para a frente do enredo, mais precisamente no capítulo 17, e, de fato, não há o que lembrar ou como lembrar ou por que lembrar, mas há, no entanto, pequenos traços de uma protagonista passando de vítima a sobrevivente:

> Penso que R via nossa união como uma ameaça. Mas a quê? Não ao que havia entre mim e ele, pois ele não podia duvidar de sua dominação. Era, penso, uma ameaça mais genérica. Algo que tinha a ver com um pensamento que ele não podia compreender nem, sobretudo, conter. (VIDAL, 2012, p. 82)

Se houve, naquele momento, uma dominação inquestionável, a qual partia de R para alcançar a protagonista, vemos que o desmanche dessa tal dominação (a qual não precisa necessariamente estar contida no espaço temporal em que os dois conviveram, mas parece, a princípio, contida até mesmo em todos os seus relatos, característica também do trauma), parece acontecer agora a partir de subterfúgios. "Desde que recomecei a nadar a lembrança é mais palpável" (VIDAL, 2012, p. 82), diz-nos a narradora, "se as sessões de natação substituírem as caminhadas talvez eu perca algo de difícil cálculo, mas realmente não importa" (VIDAL, 2012, p. 82). De repente, vemos a protagonista apropriar-se de sua história, dominá-la, e de modo deliberado começar a insistir nela, e isso é novo. Até então, ela estava submersa em tudo, menos na água da piscina que agora é parte de sua rotina, física e mentalmente. Sua posição parece invertida. Sua submersão simbólica passa a ser literal, enquanto a materialidade deste literal torna-se, em contrapartida, seu próprio simbolismo. Percebemos, então, que muito provavelmente o que R não podia conter não estava arraigado em qualquer coisa que se queira chamar de instinto, mas sim em sua própria subjetividade, em sua forma de agir no mundo e mais especificamente, em um mundo (que era exatamente o dele) que partia da perspectiva ditatorial argentina. O questionamento "mas a quê?", ao constatar que "R via nossa união como uma ameaça" diz respeito à união entre ela e Vicky, sim, mas vai além disso, e nos revela muito mais sobre ele do que ela(s), mesmo que não tenhamos como apresentar respostas, apenas levantar algumas hipóteses, a partir, por exemplo, da afirmação: "O quanto Vicky sabia era surpreendente. (...) Por isso foi tão difícil depois aceitar que ela estivesse arriscando a própria vida na militância" (VIDAL, 2012, p. 122). Ou seja, Vicky e sua mãe poderiam ser consideradas "subversivas", ao passo que a protagonista ainda parecia ter salvação, ela era "mais sensata, mais gentil, mais arrumada; em suma, mais dócil" (VIDAL, 2012, p. 139). Salvação esta que, é claro, partia da subjetividade de R, aquela que ele não podia conter. Em um dos fragmentos iniciais, a protagonista afirma sobre R: "— Ele disse que vai me salvar.", ao que Vicky pergunta "— Do quê?", e ela responde: "— De tudo isso aqui.", mas Vicky, curiosa, não se contenta: "— Da gente?", "— De vocês." (VIDAL, 2012, p. 24), é o que fica em suspenso ao final.

O quarto momento em que se faz referência a R no romance está situado no capítulo 20, em que lemos:

> A primeira coisa que pensei foi que Vicky diria que era um sinal. Pois como situar aquele dado tão certeiro? O rapaz ao meu lado me mostrou sua carteira de identidade e então eu pude ver que ele fazia anos no exato dia do aniversário de R e tinha sua mesma idade. O que fazer com aquilo? Talvez nada, e o acontecimento fosse ficar quieto, num sono próprio. (VIDAL, 2012, p. 90)

E, depois de quase conseguirmos vislumbrar à nossa frente a cara de consternação da personagem em face a tal possibilidade da impossibilidade, ela continua:

> Mas mesmo que não fosse possível derivar nada dele naquele momento, em alguma ínfima medida eu estava salva por aquele acaso. Ele me dava al-

guma segurança. Me permitia vislumbrar um avesso da outra história, que havia existido como possibilidade e talvez ainda pudesse existir. (VIDAL, 2012, p. 90)

O "avesso da outra história" é a história que agora pode ser contada. É a história de "um rapaz apenas um pouco mais alto do que eu, não muito mais velho do que eu, com uma cabeleira encaracolada" (VIDAL, 2012, p. 89). Um rapaz que "no branco do olho esquerdo, um pequeno sinal escuro que me fez pensar num trauma precoce" (VIDAL, 2012, p. 90). Um rapaz que "vestia uma camiseta azul-claro e uma calça branca, o que me pareceu inusitado para quem vai viajar tantas horas de ônibus" (VIDAL, 2012, p. 89). Um rapaz que nós passamos a conhecer porque havia nele uma "sinceridade amorosa" (VIDAL, 2012, p. 90). E se havia um "avesso da outra história, que havia existido como possibilidade e talvez ainda pudesse existir" é porque as coisas estavam se encaminhando para isso, embora o trauma exista, e com ele haja também a impossibilidade da fala.

No capítulo 27, contudo, vemos pela primeira vez uma descrição de R e um prolongamento de suas incursões pela memória da última vez em que a protagonista o viu:

> R estava de terno e gravata, impecavelmente alinhados, e uma barba rente que tornava seu rosto ainda mais anguloso. Isso eu pude ver num instante apenas, entre algumas outras pessoas que estavam agrupadas ali, diante do prédio em que Vicky e eu havíamos morado desde que saímos da casa de sua mãe. O agrupamento logo se desfez, atemorizado ou indiferente, e ele sumiu entre os passantes.
> A questão não era o que exatamente ele estava fazendo ali, mas a dimensão de sua maldade: espectador ou verdugo, nossa história não permitia outra compreensão de sua presença além de uma vontade de exibir o que ele tinha de pior. Era certo que ele sabia do desaparecimento de Vicky. Que ele pudesse se deleitar com esse desfecho minha ingenuidade até aquele momento não me havia permitido aceitar; e mesmo depois, mesmo agora, quando penso naquele dia desconfio dos meus sentidos e penso que se ainda hoje posso vê-lo nas situações mais impossíveis talvez ali também eu tenha feito uma associação errada. (VIDAL, 2012, p. 107)

Vemo-nos, aqui, tomados por um outro questionamento: o desaparecimento de Vicky teria a ver com o relacionamento que a protagonista manteve com R? Com certeza, não temos como apresentar uma resposta de maneira objetiva, mas é a sua desconfiança que gera em quem a lê um mesmo sentimento propenso a desconfiar, o qual acaba levando, a partir da leitura dos diálogos que antecipam o capítulo 1 e o excerto que comentamos há algumas linhas sobre o relacionamento com Vicky ser uma ameaça, a uma veracidade, embora a protagonista prefira não acreditar nisso, como uma forma também de afastá-lo de seus pensamentos. Sucumbir a uma possibilidade de ela ter feito uma "associação errada"; afinal, era mais seguro, e a única coisa da qual não temos como desconfiar é de que "as situações mais impossíveis" perpassam toda a obra, e estamos da mesma forma, enquanto leitores, sujeitos a fazer uma "associação errada", tal como acontece no capítulo 4:

> Nessa sala, no sofá, nós duas [Vicky e ela], minha cabeça no colo dela e ela fazendo algum comentário sobre a estranheza desse relevo sobre a pálpebra, e uma frase minha revela a ponta de uma história que será impossível contar, mas revela ainda assim, sabendo que Vicky não irá desistir e que a partir de então o segredo será como um hiato no ritmo de nossas conversas, até que se desfaça. (VIDAL, 2012, p. 51)

Gostaria a partir desta citação, adiantar um pouco o penúltimo momento em que a protagonista se refere a R de forma direta, no capítulo 39, no qual temos a impressão de que "a história que será impossível contar" começa a desaparecer. Isso porque, em um parágrafo específico, o qual antecipa a fala que virá sobre R e a memória proveniente dele, embora não esteja falando exatamente dele mas da mãe de Vicky e sobre o desaparecimento da imagem do rosto dela, lemos: "Finalmente há algumas coisas que começam a se apagar" (VIDAL, 2012, p. 140), e então, a narradora continua, com o intuito de falar sobre a mãe de Vicky e as lembranças que guarda consigo em relação a ela:

> A mãe de Vicky sabia que eu sofria, mas se mantinha à distância. Às vezes me transmitia por Vicky alguma mensagem sobre R. Nesse dia talvez eu estivesse calada demais. Talvez eu tivesse um oco de aflição na barriga. E não tivesse coragem de olhar nos seus olhos. Eu tinha vergonha do meu sofrimento. Ela me passou o mate e me disse sem nenhum rodeio: *vos podés salir*. Me surpreendeu, mas eu sabia do que ela estava falando, e a surpresa foi tão exata que a frase se imprimiu em mim como se eu a tivesse produzido. Nesse momento eu já me vi fora daquilo, ainda que o caminho depois tenha sido bastante mais penoso.
> Tento me lembrar se Vicky soube daquela conversa. Ou se guardei isso dela para que não duvidasse de que foi por ela que sobrevivi. (VIDAL, 2012, p. 140-141)

Bem, não sabemos quando, de fato, ela pôde sair, mas entendemos que isso se deu de alguma forma em algum momento e por incentivo tanto de Vicky quanto de sua mãe. Assim, em meio a tantas impossibilidades, "situações impossíveis", "história impossível", o nome impossível (lembremo-nos de que a protagonista inicia o capítulo 11 pela pergunta: "Será que consigo escrever o nome dele? Não, vou chamá-lo de R." (VIDAL, 2012, p. 67)), finalmente um vislumbre do possível, no passado e no presente: *vos podés salir*. E sai. A história da protagonista, o enredo de *Mar azul*, tem como pano de fundo uma narrativa de estupro que é a extremidade mais cruel de um relacionamento que se convencionou chamar de abusivo, e portanto, encerra-se a dúvida sobre a relevância da narrativa para o romance em questão. Evidentemente não o teríamos escolhido se, de fato, ela não fosse importante; contudo, Paloma Vidal não volta ao estupro em nenhum momento, nem nomeia o acontecimento enquanto estupro ou violência de qualquer forma, o que pode levar a crer que não é essa a temática, ou que o estupro se configuraria ali como mais uma narrativa em meio a tantas outras narratividades. Em contrapartida, se não podemos afirmar que o romance trata especificamente do estupro, podemos entretanto afirmar que trata da memória, e se aborda a memória, e a última recordação factível para nós, leitores, é o estupro, então temos que o posicionar enquanto um dos protagonistas da obra. Ademais, não é possível que se conceba uma narrativa de estupro dentro de uma obra literária sem que essa narração figure também enquanto protagonista, uma vez que atinge diretamente a subjetividade de cada uma das personagens, bem como seus enfrentamentos. Ignorar os efeitos de uma narrativa de estupro é unir-se à retórica do estupro, o que não acontece no romance que nos propusemos a analisar, como já é possível constatar a essa altura do trabalho.

2.5.2. ESPAÇO

Passemos, então, para a próxima pergunta que sugere um destaque para o espaço no qual se desencadeia o romance e em que as personagens estão inevitavelmente imbricadas – lembrando que quando falo da relevância do espaço, no contexto de minha análise, refiro-me a sua relevância para compreendermos a narrativa de estupro apenas. Não me proponho a analisar todos os espaços propostos por Paloma Vidal em *Mar azul*, como, por exemplo, o lugar para onde ela foi depois de sair da Argentina.

Bem, o que não pode deixar de ser mencionado como o espaço que fomenta o acontecimento e que, na realidade, já mencionei algumas vezes antes, é o contexto ditatorial argentino. A título de curiosidade, os governos militares argentinos estenderam-se, embora com algumas tentativas mais democráticas que os deixavam em suspenso, do ano de 1955, com a queda de Perón, até dezembro de 1983. Por ser esta a atmosfera que se espalha ao longo de todo o romance, não é de se espantar que R tenha para si um certo apreço pelo ideal militarista, como é possível perceber no diálogo que segue entre a protagonista e Vicky:

> — A gente tava aqui na sala, naquela hora que vocês foram pro supermercado. Ele trouxe aquele livro do Colégio Militar, sabe?
> — Sei, ele anda com aquilo pra cima e pra baixo.
> — Pois é, ele vive querendo me mostrar e eu acho meio chato, mas não quero que ele fique zangado.
> — Só você mesmo.
> —Ele explica tudo nos mínimos detalhes e a explicação não acaba nunca.
> — Mas e aí?
> — Ele começou a me mostrar as fotos. O lugar é enorme. Na entrada tá escrito "Ordem, Valor, Glória". Ele explicou o que cada uma dessas coisas significa. (...) Depois me mostrou os cadetes com aqueles uniformes impecáveis, que nem o que ele tava vestindo aquele dia, lembra? (...) E tem um monte de fotos dos detalhes do uniforme, tudo tem que estar perfeito, muito pior do que lá no colégio.
> — Duvido que alguém possa ser mais chato do que a irmã Rosa.
> —Você nem imagina, tudo tem que estar brilhando. Ele disse que todo dia lustrava as botas e o escudo. E ficou me explicando tudo nos mínimos detalhes, falando sem parar.
> —Sei, mas e aí?
> —Aí ele começou a falar do sabre, que tem cinco partes e que cada parte significa uma coisa. Ele falou que o punho simboliza a verdade e que no puxador tem o escudo da Pátria. E na lâmina tem escrito um verso do hino nacional.
> — Você vai ficar me dando uma aula também?
> — De repente, ele levantou e fez o gesto como estivesse empunhando o sabre e começou a recitar umas frases que diziam alguma coisa do tipo "melhor morrer enforcado do que trair a Pátria".
> — Que horror.
> —E aí eu vi que enquanto ele recitava o negócio dele tinha ficado duro e parecia que a calça ia rasgar.
> —Não acredito.
> —Não falei que você ia rir? (VIDAL, 2012, p. 32)

Não é difícil perceber que o lado de lá dessa mesma história, para além de seus efeitos risíveis em um primeiro momento, esconde o hediondo tratamento das relações de gênero em contextos repressivos. Como aponta a advogada e professora argentina Analía Aucía, em artigo intitulado *Género, violencia sexual y contextos represivos* (2011), "enquanto as mulheres são representadas fundamentalmente como mães, encarregadas da transmissão da cultura, estabelece-se uma conexão significativa entre masculinidade, militarização e conflito armado" (AUCÍA, 2011, p. 30)[8]. Ainda segundo a autora, a implementação da repressão ilegal na América Latina afetou as mulheres de maneira distinta, "entre outras coisas devido ao uso da violência sexual que lhes foi imposta nos CCD, campos, prisões, serviços policiais e militares, etc., nos quais encontravam-se presas ou sequestradas e/ou desaparecidas" (AUCÍA, 2011, p. 31)[9]. Lembremo-nos da frase dita por R, direcionada à protagonista no último fragmento dos diálogos iniciais: "(...) eu quero o melhor pra você, eu quero te ensinar um monte de coisas, você é tão burra, mas eu vou te ensinar, tudo, tudinho" (VIDAL, 2012, p. 40). Nessa perspectiva, então, temos que o que R quer ensinar, partindo da noção de mulheres enquanto encarregadas da transmissão da cultura, não deixa de ser a perspectiva da Ordem, do Valor e da Glória, mencionados no diálogo citado acima, que, sabemos, pode também ser traduzida por submissão (das mulheres), moralidade (dos homens) e triunfo (do autoritarismo). Além do mais, sob esses princípios estão camufladas ações violentas que não se querem como tais, visto que R estupra a protagonista em seu próprio quarto e explicita seus procedimentos, como se para orientá-la, uma vez que precisa ser orientada sobre tudo na sua condição de mulher.

2.5.3. A PERSONAGEM QUE ESTUPRA

Juntamente a essas reflexões, gostaria de já antecipar uma resposta à terceira pergunta que me propus a responder em relação à narrativa de estupro em *Mar azul*, a saber: quem é a personagem responsável pelo estupro?, uma vez que os apontamentos sobre o espaço constituído pelo regime autoritário descrito na obra levam diretamente ao encontro da personagem R[10]. Para tanto, vou me ater aos diálogos iniciais do

---

8 "Mientras que las mujeres son representadas fundamentalmente como madres, encargadas de la transmisión de la cultura, se establece una conexión significativa entre masculinidad, militarización y conflicto armado." (AUCÍA, 2011, p. 30, tradução livre)

9 "(...) entre otras cosas debido al uso de la violencia sexual que les fue impuesta en los CCD, campos, cárceles, servicios policiales y militares, etc., en los que se encontraban presas o secuestradas y/o desaparecidas." (AUCÍA, 2011, p. 31, tradução livre)

10 O que *não* significa dizer que regimes autoritários produzam mais estupradores. Sabemos que estupradores existem em quaisquer contextos, semelhantes ou não àquele em que R estava inserido. Ou ainda, semelhantes ou não a R. Mais à

romance na sequência em que aparecem e ao capítulo 47, uma vez que aqueles configuram uma temporalidade presente da enunciação, ou seja, os fatos vão acontecendo à medida que vão sendo expostos pelas amigas adolescentes que, na época, estavam com apenas treze anos, enquanto este configura a maior narrativa da lembrança de R apresentada pela protagonista ao longo de todo o enredo. Por fim, chegaremos à narrativa de estupro propriamente dita.

Logo no primeiro fragmento nos deparamos com a protagonista sendo encarada com certo ceticismo por Vicky que abre o romance com a pergunta: "— Você tem certeza?" (VIDAL, 2012, p. 7), colocando em dúvida alguma questão levantada pela amiga. Tal ceticismo marca todo o primeiro fragmento do diálogo (quiçá todos os fragmentos de todos os diálogos), e posiciona Vicky em contraste ao que estaria por vir, ao mesmo tempo em que revela alguma ingenuidade no discurso da protagonista. Mais à frente, depois de tentar entender como se deu o encontro entre a protagonista e R, ela pergunta: "— Você finalmente encontra o menino e não sabe o que aconteceu?" (VIDAL, 2012, p. 7), despertando em nós, leitores e leitoras, os mesmos sentimentos: ceticismo de um lado, ingenuidade de outro. O final deste diálogo então fica marcado por uma desconfiança irrestrita, a qual atinge Vicky conquanto atinge a nós da mesma forma:

> — (...) ele não falou nada dele?
> — Falou um montão até, disse que ia me contar umas coisas que nunca contou pra ninguém.
> — Falou isso na porta do colégio? **Acho que, não sei, toma cuidado.**
> — O quê?
> — Não sei.
> — O que é que você não sabe?
> — Você gostou dele?
> — Acho que ele gostou de mim. (VIDAL, 2012, p. 7-8)

O alerta estava dado, "toma cuidado". A partir daí, as adolescentes começam a comentar diversos comportamentos esquisitos que a protagonista passa a apresentar, tais como sair "na rua, no meio da noite, de pijama" (p. 8), um corte de cabelo assumido por ela que R "disse que viu num filme francês" (p. 10), a posse de 100 presilhas de cabelo que R resolveu dar a ela de presente (p. 15), o descarte dos cadernos

frente, daremos uma atenção especial a essa questão, visto que aqui se abre uma possibilidade de leitura da obra à qual devemos ficar atentos em relação à temática do estupro.

da escola porque R "achou que eu estivesse escrevendo poemas para alguém" (p. 22), o fato de ela não falar com mais ninguém porque "ele só não gosta que eu fique de papo com qualquer um" (p. 23), o choro que a acomete em momentos inoportunos (p. 34) e, por fim, o medo que de repente passa a ser sentido depois que ela tenta dizer a R que acabou, "mas ele é mais forte, ele me diz tantas coisas (...) coisas sobre mim, sobre como eu vou ficar" (p. 35). Em função desses comportamentos, podemos, então, chegar a algumas conclusões sobre R: ele passa a ter controle da vida da protagonista e se sente no direito de controlar inclusive as suas escolhas; ele é capaz de acrescentar um sentimento de culpa a qualquer ação da protagonista que contrarie algo que ele "pediu"; ou ainda, não a deixando falar com outras pessoas, ele faz a protagonista acreditar que a única opinião que ela deve ouvir é a dele. Em suma, se fôssemos traduzir em poucas palavras essas atitudes despendidas por R, diríamos que ele é desconfiado, controlador e regulamentador, três características que não só são capazes de definir a ele como a todo o Estado que o circundava. No entanto, no capítulo 47, vemos uma descrição inusitada de R, não no sentido de ele ter mudado ou a protagonista ter mudado a percepção que tinha sobre ele, mas no sentido de incutir nele um sentimento que, de início, era apenas seu:

> R me disse uma vez que tinha medo. Perguntei do quê e ele me respondeu que tinha medo de tudo. Não havia àquela altura nenhuma chance de compaixão, mesmo achando que ele estava sendo sincero. Eu não queria saber do seu medo. Ou melhor, eu já sabia o que precisava saber sobre ele. (VIDAL, 2012, p. 163)

Se R se sentia em perigo ou ameaçado, deduzimos que seja por não conseguir se estabelecer em lugar algum, por não conseguir encontrar semelhantes, nem entre aqueles que compartilhavam de seus ideais e estavam dispostos a lutar contra "o inimigo [que] podia vir de qualquer parte, (...) o inimigo da Pátria" (p. 164). Contudo, a protagonista é perspicaz em sua dedução dos motivos que levavam R a ter medo: "provavelmente fosse de si próprio" (VIDAL, 2012, p. 165). Nos parágrafos que se seguem após a citação anterior, a protagonista nos conta em detalhes a razão para ele ter sido expulso do Colégio Militar:

> Houve um dia de inverno em que o vento estava tão forte que o frio congelava cada milímetro do seu corpo. Os olhos pareciam feitos de polpa e o nariz não parava de escorrer. Ao seu lado, praticamente colado a ele, seu melhor amigo tiritava. Os dois preferiam não falar para que o frio não se tornasse mais concreto, mas haviam se aproximado mais do que o habitual. Marcelo, como se chamava o amigo, rompeu o silêncio: *me siento*

muy mal. R pensou em dizer que ele também, mas guardou a confissão por orgulho. Logo o amigo insistiu, colando-se mais a ele. Agora todo seu corpo tremia descontrolado. R se afastou um pouco, sentindo-se irritado por aquela demonstração de fraqueza. Seriam castigados se levantassem. *Aguantá*, acabou dizendo. O amigo respondeu que não podia. R então sentiu raiva por ser colocado naquela encruzilhada. Fechou os olhos e começou a recitar mentalmente trechos de uma biografia do General San Martín. Teria dormido? Seu amigo continuava ao seu lado, mas já não tremia. Chamou seu nome e ele não respondeu. Havia morrido por hipotermia. Por não socorrê-lo R foi expulso do Colégio Militar. (VIDAL, 2012, p. 165)

Havia em R um sentimento de libertação e grandeza para com os seus deveres ufanistas, e a incursão do nome de José de San Martín neste relato expressa tais sentimentos, ainda que de maneira bastante paradoxal. Aclamado pelo povo argentino como o grande líder militar das campanhas pela independência espanhola da Argentina, do Chile e do Peru, o General San Martín, *el padre de la pátria*, tornou-se um mito, recebendo homenagens inclusive no Brasil[11]. Segundo o historiador argentino Felipe Pigna, em livro intitulado *Los Mitos de la Historia Argentina 2: de San Martín a 'El Granero del Mundo"* (2005), "José de San Martín merece ser resgatado para a memória nacional, merece ser humanizado e lembrado como ele era, como um homem convencido de suas ideias, como um político liberal, no sentido literal e não naquele que foi dado na Argentina da ditadura pra cá"[12]. Isso porque, embora San Martín já tivesse sua história consagrada enquanto herói republicano, "o governo do general Agustín Pedro Justo estimulou o culto militar da figura de San Martín, tendo transformado o dia 17 de agosto, data da sua morte, em feriado nacional", diz-nos Fabio Muruci dos Santos em artigo intitulado *Ricardo Rojas e a construção biográfica de um herói nacional: San Martín, el santo de la espada* (2009). Em resposta à imagem que começava a ser produzida pelo Instituto Sanmartiniano centrada no perfil militar de San Martín, Ricardo Rojas, um importante escritor e historiador argentino que passou a ter atua-

---

[11] Ver: SILVA, Yuri. Busto de general José San Martín é inaugurado no Costa Azul. In: **Uol**, 10 jul. 2016. Disponível em: <http://atarde.uol.com.br/bahia/salvador/noticias/1785292-busto-de-general-jose-san-martin-e-inaugurado-no-costa-azul>. Acesso em: 3 set. 2018.

[12] "José de San Martín merece ser rescatado para la memoria nacional, merece ser humanizado y recordado tal cual fue, como un hombre convencido de sus ideas, como un político liberal, en el sentido literal y no en el que se le dio en Argentina de la dictadura para acá." (PIGNA, 2005, p. 10-11, tradução livre)

ção mais ativa na política criticando o golpe militar de 1930, publica uma biografia em que

> (...) sem deixar de idealizar o Libertador das mais diversas formas possíveis, segue caminho diferente ao explorar seus sofrimentos, dúvidas e angústias diante dos difíceis dilemas que enfrenta. Longe da imagem de um decidido conquistador (...), San Martín é apresentado como um homem prudente, que provavelmente não gostaria de estar envolvido em uma situação de conflito tumultuosa, mas que segue em frente movido por senso de obrigação e noção profunda da grandeza de sua missão. (SANTOS, 2009, p. 5)

Entretanto, o ano de 1970 marca o lançamento de uma produção cinematográfica de grande sucesso, financiada com recursos de uma produtora norte-americana ao lado do governo militar argentino, que estava novamente no poder desde o ano de 1966. O filme, baseado na biografia de Rojas, apresenta "uma visão higienizada e aproblemática de San Martín como líder convicto, despido de ambiguidades e fraquezas e portador de uma linguagem de impecável moralidade" (SANTOS, 2009, p. 2). É razoável imaginar, portanto, que R devesse estar recitando mentalmente trechos da biografia de Rojas como se estivesse em pleno combate e tivesse por obrigação tomar atitudes heroicas, mesmo que não existisse combate algum. Aliás, mesmo que estivessem, na realidade, apenas treinando:

> Quando estava no Colégio Militar faziam exercícios numa praia a 100 km da cidade. Ele gostava desses exercícios em que a guerra parecia muito próxima. Gostava sobretudo de ficar deitado sobre a areia sentindo a umidade penetrar na pele enquanto erguia cuidadosamente a cabeça para ver à distância com os binóculos. Nesse lugar a névoa quase sempre impedia de distinguir as formas adiante e por isso mesmo era escolhido, já que assim os futuros oficiais se acostumavam a desconfiar de tudo. O inimigo podia vir de qualquer parte. (VIDAL, 2012, p. 164)

R foi expulso do Colégio Militar por deixar morrer de hipotermia seu colega durante o treinamento. Sua conduta não foi em prol da nação, como ele gostaria de supor, mas em prol de certa convicção de nacionalidade que dizia respeito apenas a ele mesmo. Sua desconfiança, que era também fruto de sua educação militar, afinal "os futuros oficiais se acostumavam a desconfiar de tudo" (VIDAL, 2012, p. 164), não soube distinguir o inimigo instaurado em si próprio e, desse modo, ainda que ele fique "tão nervoso quando fala nisso, diz que foi uma injustiça e que ele vai voltar" (VIDAL, 2012, p. 9), as suas atitudes estavam inclusive aquém dos mais perversos crimes que estavam sendo cometidos na América Latina à época, mesmo que neles ele ainda se visse representado. Assim, a constatação da protagonista não parece vir como uma grande novidade: sim, o medo que ele sentia provavelmente era de si. A construção da personagem R que vemos refletida portanto nas palavras de Paloma.

Vidal transita entre um discurso que nos parece familiar (regimes autoritários produzem cidadãos autoritários), ocorrendo concomitantemente a um discurso psicanalítico que poderíamos chamar de perverso, não fosse o fato de que, ao associarmos R à perversão e, consequentemente, o "estupro de R" à perversão, estaríamos catalogando um determinado comportamento heterossexual culturalmente aceito como se restrito a determinados contextos e pessoas, estas ditas monstruosas (já falamos sobre isso em outra ocasião) e é aqui que a narrativa de estupro proposta por Paloma Vidal parece apresentar certo enquadramento enraizado em um imaginário coletivo sobre homens estupradores, embora não queiramos com isso desmerecê-la. Essa constatação toma ares de importância, uma vez que não pretendemos centrar nossa análise na *maneira correta de representar um estupro na literatura*; longe disso. Entendemos que não existe maneira correta de se fazer arte; a arte também parte de uma insubordinação. Porém, este é um aspecto relevante para o nosso estudo (e que poderá ser mais bem explorado na análise entrecruzada de ambos os romances no próximo capítulo), pois é também uma das formas de se pensar nos homens que estupram e o que os motiva, mas sem fazer dessa exceção a regra. Partimos do pressuposto de que talvez R seja uma exceção, não pelo estupro nem pelo relacionamento que manteve com a protagonista, já que estes são a regra como já vimos, mas pelo fator determinante das razões que o levaram a ser expulso do Colégio Militar, e pela fala da protagonista, que conclui ter ele medo de si. Outra linha analítica que podemos seguir, a qual parte também do capítulo 47, é que a narrativa que a protagonista faz de R, uma das últimas do romance e a primeira que permeia o todo de um mesmo capítulo, começa a passar pela racionalidade, isto é, a protagonista de repente se vê apta a enfrentar seu passado e, mais do que isso, se vê apta inclusive a encontrar para ele explicações. Se em um primeiro momento, víamos a protagonista se debatendo em torno de uma memória invasora ao largo dos afazeres que o tempo todo estão sendo sobrepostos a essa memória a fim de que consiga extirpá-la (depois de mencionar pela primeira vez o nome de R, mais precisamente no capítulo 11, ela inicia uma descrição meticulosa das ações que tomará em seguida: "Vou sair cedo, virar a esquina devagar, até a banca de jornal. Vou comprar algo. Quero pedir uma coisa e que ela esteja ao meu alcance. E depois quero segurar essa coisa entre as mãos e dizer obrigada por ela" (VIDAL, 2012, p. 67)), agora, vemos a protagonista recebendo essa memória e seguindo os rumos dela, para finalmente começar a desvencilhar-se de algumas das amarras que a perseguiram durante toda a sua vida. Nesse sentido, o capítulo 47 é um capítulo inteiro dedicado a R, mas que tem por mote a sua dedicação a ela mesma e ao exercício de tratar inconscientemente de sua subjetividade no verso das páginas dos cadernos de seu pai. Não é possível falar em superação, pois não existe superação de traumas[13], mas talvez possa existir uma reconciliação entre duas protagonistas que não se encontravam e que porventura passaram a se encontrar. E isso é libertador.

Voltando agora à personagem de R, no último fragmento de diálogo apresentado no início do romance, vemos a protagonista contando à Vicky como R a levou para a sua casa:

> — Eu devia ter dito que eu não queria ir, sabe, mas ele não me perguntou hora nenhuma, a gente foi andando, andando, muitos quarteirões, dezenas, andando e falando, ele, na verdade, a gente foi andando de braços dados, como um casal de velhos, e eu me deixei levar, porque gostei daquilo, daquela sensação, como se eu fosse mais velha, como se precisasse cuidar dele, porque às vezes eu sinto muita pena dele, eu me dei conta disso enquanto a gente andava, ele fica falando de todas as coisas que não deram certo, de como ele queria ser de um outro jeito, mas não dá, ele não consegue, e eu fico com medo.
> — Eu não acho que ele seja nenhum coitadinho.
> — Ele foi me levando, falando e falando, quase chorando às vezes, e quando eu percebi a gente tava na frente da casa dele. (VIDAL, 2012, p. 38)

A palavra "coitadinho" proferida por Vicky, em conjunto com a sua contrariedade ao que está sendo relatado, demonstra uma certa impaciência da amiga para com as atitudes de R, impaciência essa que se desfaz à medida que a protagonista continua seu relato. Outro ponto a ser levantado sobre esse diálogo é o sentimento de pena, de compaixão, sentido pela protagonista em um ilusório vislumbre de sinceridade que poderia estar saindo do comportamento de R. Tal sinceridade, no entanto, passa a tomar formas de manipulação e domínio conforme o relato se prolonga:

---

13 Para traumas, há o enfrentamento, nunca a superação.

— A gente entrou, a casa tava escura, e ele me levou até o quarto dele, nos fundos, atrás da cozinha. Um quarto pequeno, que nem o meu aqui, só que todo bagunçado, você não ia acreditar em quanta coisa tinha ali, livros, roupas, papéis, muitos papéis, um monte de coisas como se ele não jogasse nada fora.
— Achei que ele fosse tão arrumado, com aquele cabelo de gumex.
— Eu me assustei, eu devia ter imaginado, naquele instante, e devia ter dito que queria [ir?] embora, eu senti uma coisa que não sei explicar, como se ele fosse um estranho, como se eu estivesse no quarto de alguém que eu tinha acabado de conhecer, mas já era tarde. (VIDAL, 2012, p. 38-39)

Não temos como saber quanto tempo durou o relacionamento da protagonista com R, mas sabemos que ela não conheceu ninguém ligado a ele e não havia, até esse momento, nem chegado a conhecer o lugar onde ele morava, visto que, pela quantidade de eventos que o antecederam, este relacionamento já estava acontecendo havia algum tempo. Pela primeira vez, o discurso da protagonista muda em relação à figura de R. Se, em um primeiro momento, ela novamente afirma que Vicky "não vai entender" (p. 38) no início de seu relato, o que constatamos pela citação acima é que ela passa a se lamentar e se culpar em retrospecto: "eu devia ter imaginado", "devia ter dito que queria ir embora", "mas já era tarde" (p. 39). Nós, então, ficamos sabendo junto com Vicky "a ponta de uma história que será impossível contar, (...) e que a partir de então o segredo será como um hiato no ritmo das nossas conversas" (VIDAL, 2012, p. 51), até que se desfez:

— Ele fez questão de mostrar um monte de coisas, sua coleção de medalhas, uma caricatura que alguém fez dele, e disse que era assim que ele se via, que não gosta de quem ele é, e continuou falando, mas eu não disse nada, muda, eu tava muda, o tempo todo, muda.
— Vira pra cá, para com isso, comigo você pode falar.
— Muda, o tempo todo.
— Para com isso, por favor, fala comigo.
— Acabou.
— Eu vou ficar com você.
— Fala, você tá gostando, né?
— O que você tá dizendo, vira pra cá.
— Devagar, devagar, assim, eu vou fazer bem devagar, você nem vai sentir nada.
— O que você tá dizendo, pelo amor de Deus.
— Eu te seguro assim, tá, fica com as mãos bem quietinhas aqui atrás, juntinhas, minha freirinha, não vai doer, você fica assim deitada, vira pro outro lado, eu vou tirar isso aqui, não, não se mexe, é só um empurrãozinho, você vai sentir, mas não é nada, assim, só vai doer um pouquinho, mas você vai gostar, não tá gostando, fala, não tá gostando?

— Para com isso, vira pra cá, por favor, olha pra mim. Você tá me deixando assustada.
— Fecha os olhos, isso, tá gostando, né? Eu mexo assim, devagarinho. Por trás é que é bom. Não chora, minha putinha, você queria, eu sei, eu sei, não finge que não, não me empurra assim, putinha, vem cá, fica quieta, tá bom? Tá tudo bem, né? Eu estou gostando muito. (...) (VIDAL, 2012, p. 39-40)

A protagonista não poderia supor que seria estuprada, mas R não só poderia estuprá-la, como o fez, e ainda com requintes de crueldade (se bem que todo o estupro é em si mesmo cruel): pela sodomia, a qual também se alinha a um suposto caráter perverso da personagem de R. Segundo o historiador francês Georges Vigarello (1998), "o crime de sodomia revela ainda mais esse amálgama em que aquele que sofreu é imediatamente pervertido: crime 'modelo', a ponto de levar ao extremo a focalização na luxúria e manter a ignorância sobre a violência possível." (VIGARELLO, 1998, p. 37) Desse modo, R pode ser caracterizado como opressor, tirânico, violento e estuprador, ao passo que o contexto em que ele estava inserido promovia tais características e, inclusive, as encorajava.

2.5.4. POSSIBILIDADES ESTÉTICAS

Isto tudo posto, chegamos, finalmente, aos apontamentos sobre a última questão que nos propusemos a responder: quais foram as escolhas narrativas de Paloma Vidal que possibilitaram um olhar atento ao crime antes de um olhar voyeurístico sobre o que se desencadeia ao longo da narrativa? Primeiro é preciso dizer que dois estupros figuram nos diálogos iniciais do romance. O principal, como sabemos é o de R, mas há ainda antes dele um outro, cometido pelo pai de uma conhecida de Vicky e da protagonista, exposto no seguinte diálogo:

— Você soube o que aconteceu com a Leonor?
— O quê?
— Ela tá internada.
— O que aconteceu?
— Encontraram ela desmaiada no banheiro.
— Mas o que ela tem?
— Parece que não comia há um tempão.
— Eu tava achando ela meio esquisita, pálida, sei lá, e muito calada, em geral ela fala pelos cotovelos.
— Pois é.
— Você sabe de alguma coisa?

—Dizem que tem a ver com o pai dela.
— Por quê?
— Uma coisa que ele fez.
— O que ele fez?
— Tão dizendo umas coisas horríveis, sei lá.
— Fala.
— Você não ouviu nada?
— Não fico me metendo em fofocas.
— Não é fofoca.
— Fala então.
— Ela não é mais virgem.
— E tá todo mundo sabendo? Tá vendo, todo mundo fica se metendo na vida dos outros. Vai ver que até já contaram pro padre. Por isso é que é melhor não falar com ninguém.
— Foi o pai dela.
— O quê?
— Foi o pai dela, juro, é horrível.
— Um pai nunca faria uma coisa dessas.
— Mas parece que ele fez.
— Então ele não é um pai. (VIDAL, 2012, p. 26-27)

Supomos que a decisão de incluir tal diálogo em meio aos outros parte de uma preocupação em situar o estupro também em outros contextos, auxiliando no direcionamento da perspectiva de quem inicia a leitura do romance sobre o tema. Auxiliando a não o sexualizar, inclusive quando nos deparamos com a incompreensão de uma das amigas em relação à informação de que Leonor "não é mais virgem". A réplica, dita de supetão e exasperada, "tá vendo, todo mundo fica se metendo na vida dos outros", como se a questão fosse meramente referente a práticas sexuais, é demolida ao unirmos o antes e o depois: "ela não é mais virgem", "foi o pai dela". Nesse sentido, o discurso da réplica, que, em um primeiro momento, poderia soar coerente, uma vez que ninguém deveria ficar se metendo na vida dos outros mesmo, assume um tom de oposição quando colocado ao lado de um estupro: todo mundo *deveria* se meter na vida dos outros, "não é fofoca". Esse é o primeiro passo para entendermos que existe um esforço de situar o estupro em meio a uma preocupação que parte da autora para alcançar a nós, leitoras e leitores da obra.

Em segundo lugar, para que possamos compreender melhor a narrativa proposta por Vidal, é preciso que retomemos uma figura de retórica chamada hipotipose, a qual bem descreve a sensação de quem lê as palavras da autora. A hipotipose "ocorre quando, nas descrições, se pintam os fatos de que se fala como se o que se diz estivesse realmente diante dos olhos. (...) [Trata-se de] uma figura em que concorrem a descrição e a narração no mesmo ato discursivo" (MOISÉS, 2004, p. 223). Este tipo de recurso retórico é o que causa o impacto da narrativa e não permite que os detalhes explicitados na fala do agressor transformem-se em pontes para uma possível leitura voyeurística: é como se estivéssemos lá e nos compadecêssemos com a dor da vítima, como se a sentíssemos. Além disso, é preciso destacar o recurso narrativo da primeira pessoa como forma de descrever o estupro: estamos diante do ponto de vista do agressor. Aqui, apesar de o crime ser narrado pelo próprio criminoso, nenhum personagem precisa certificar os leitores de que houve ou está havendo um estupro: nós sabemos disso, não há dúvida. Desse modo, a narrativa de estupro proposta por Paloma Vidal assume um papel de alerta quanto ao relacionamento que existe entre a protagonista e R, em relação ao que está por vir ao longo de todo o romance, no tocante ao que se esperava de R e o que acontece de fato, e em relação a como seremos capazes de receber uma tal narrativa: não é possível revesti-la de qualquer caracterização erótica.

CAPÍTULO 3
O *DESESTERRO* DE SHEYLA SMANIOTO

3.1. DEFORMAÇÃO E CRUELDADE

Sheyla Smanioto nos diz, em entrevista (Casa Bondelê, 2018), que tem uma obsessão pela deformação do corpo. Por essa razão, não seria justo dar início a uma apresentação da autora de maneira linear, como fiz ao tentar traçar o percurso de Paloma Vidal. Ademais, nada do que poderia ser dito sobre a sua biografia nos ajudaria a chegar até *Desesterro*, que é feito de pulsões, muito mais que aproximações ou interpretações. Se, aqui, preciso de um ponto de partida, que o começo venha desse título, a primeira deformação que nos chega e que nos coloca em contato com a autora. Um tal neologismo que parece sempre querer fugir exatamente no momento em que estamos para compreendê-lo. Seria o "desesterro" a positividade mesma do desterro, da saída, do degredo? Ou melhor, o inverso dessa positividade? Um não-desterro que, no entanto, não retorna a um pertencimento, porque o desterro já se tornou fato consumado? Então, o que sobra para ser desesterrado, uma vez do lado de fora? Sheyla *des*-explica, nas linhas do romance: "Tem uma palavra pra dizer isso terra louca, carne, tem uma palavra pra dizer memória solta, sangue" (SMANIOTO, 2015, p. 249). Noutro momento (Itaú Cultural, 2017), a autora assume ainda que o título nada mais é do que o contrário de desterro, em uma brincadeira que exclui a positividade do termo embora não a impossibilite, tornando a condição do desterro passível de ser metamorfoseada em um eterno retorno de fuga, por mais estranho que isso possa parecer. Porém, é este mesmo o triunfo maior da obra, o estranhamento. Um estranhamento consciente de que outro modo não haveria de ler e representar a história dessas mulheres, marcada também pela herança do desespero contido. Enterrado. *Desesterro*, mais do que um estar fora do próprio fora, é um perpétuo desenterrar daquilo que se insiste em se manter enterrado, o desterro pelo enterro desesterrado. É a *terra louca* em convulsão, cuspindo os corpos desmantelados. É a *carne* (podre), já cheia de vermes, cujo cheiro não conseguimos disfarçar porque, junto com tudo, mantém-se sobre. É a *memória solta*, porque não há solo que a acomode, não há buraco fundo o suficiente que a encubra e lhe sirva de cabresto. É o *sangue* espremido para baixo, *livor mortis*; ou quase.

Quem sabe o "desesterro" seja a própria condição deste trabalho, a qual não deixa também de ser uma espécie de deformação, a seu modo.

Colocado sob a ótica descrita acima, *Desesterro* é capaz de parecer bastante cruel, e isso não se dá apenas pelas narrativas de estupro engendradas ao longo de todo o romance. O que nele parece cruel, não por coincidência, tem mais a ver com aquilo que Antonin Artaud (1999 [1938]) entendia por crueldade:

> De fato, crueldade não é sinônimo de sangue derramado, de carne martirizada, de inimigo crucificado. Essa identificação da crueldade com os suplícios é um aspecto muito pequeno da questão. Na crueldade que se exerce há uma espécie de determinismo superior ao qual está submetido o próprio carrasco supliciador, e o qual, se for o caso, deve estar determinado a suportar. A crueldade é antes de mais nada lúcida, é uma espécie de direção rígida, submissão à necessidade. Não há crueldade sem consciência, sem uma espécie de consciência aplicada. É a consciência que dá ao exercício de todo ato da vida sua cor de sangue, sua nuance cruel, pois está claro que a vida é sempre a morte de alguém. (ARTAUD, 1999, p. 118)

O que vemos em *Desesterro*, portanto, são essas várias mortes que semearam vidas — ou seriam essas várias vidas que germinaram mortas? Difícil dizer, quando não existe diferenciação: "Já reparou as crianças nascem feito miúdos de carne juntando dos mortos as partes perdidas? Desenterrando os ossos de família?" (SMANIOTO, 2015, p. 54) ou ainda "Sua mãe está morta? E você está o quê, viva?" (SMANIOTO, 2015, p. 56), pergunta esta feita por Maria da Penha à neta, Maria de Fátima, ambas protagonistas do romance – já, já chegamos nele.

Ao querer retratar esta crueldade, associada à deformação que funciona junto dela, Sheyla Smanioto, nascida em 1990, lançou-se como uma das escritoras mais verdadeiramente inovadoras da literatura brasileira contemporânea no ano de 2015, ao inscrever *Desesterro*, que é seu primeiro trabalho de fôlego, no prestigiado Prêmio Sesc de Literatura, saindo-se vitoriosa. Antes dele, porém, havia escrito um livro de poemas chamado *Dentro e folha* (2012), filmara um curta-metragem premiado pelo Rumos Itaú Cultural de nome *Osso da fala* (2013), e ainda fez uma peça de teatro, vencedora do IV Concurso Jovens Dramaturgos, que chama *No ponto cego* (2014). Agora, está para lançar seu próximo romance, *Meu corpo ainda quente*[14], também com apoio do programa Rumos Itaú Cultural e o qual parece ser uma continuação do primeiro, segundo a autora: "Quando terminei *Desesterro*, senti que ele continuava. Os personagens ainda me olhavam como se eu lhes devesse algo", diz ela em matéria publicada por Patrícia Colombo para o site do Itaú Cultural (Colombo, 2017).

3.2. VOZ NATIVA

Contudo, são esses dois aspectos da sua obra, a crueldade e a deformação, que andam juntos ao longo de toda a narrativa, com o intuito de dar voz a muitas outras vozes repartidas, a voz de cada uma dessas mulheres sofridas, indo na contramão de iniciativas literárias que se esforçam para retratar grupos periféricos fazendo da literatura nada mais que uma ferramenta de concessão, em que o autor se permite e permite aos leitores um passeio fora da bolha para, no entanto, mantê-la exatamente no mesmo lugar e à mesma distância. Sheyla Smanioto, em contrapartida, entrega às suas personagens uma voz nativa, imponente de desgosto, envolta em um quê de sonho e outro de catástrofe. É porque elas são filhas da seca, do verão feito febre, da morte na pele, trazendo consigo calos de herança, mas nem por isso teriam uma vida tipificada.

Logo, se pretendo, aqui, alinhar a literatura produzida por Sheyla Smanioto com uma certa concepção de literatura marginal, visto que é ela, também, que faz do comparatismo um caminho possível em relação ao romance de Vidal, reconheço que é preciso estabelecer alguns apontamentos prévios sobre o que se considera marginal no contexto do presente trabalho. Isso porque, diferentemente de outros grupos de escritoras e escritores, tais como Carolina Maria de Jesus ou Ferréz, o trabalho da escritora paulista parece já vir consagrado como literário. Desse modo, a marginalidade da obra de Smanioto não advém do fato de seu texto estar "à margem do corredor comercial oficial de produção e divulgação" (NASCIMENTO, 2009, p. 37) ou do fato de circular "em meios que se opõem ou se apresentam como alternativa ao sistema editorial vigente" (NASCIMENTO, 2009, p. 37). No entanto, é importante ressaltar que, após publicada, a obra destacou-se como um dos romances vencedores de outro grande prêmio literário brasileiro, o Jabuti, tendo se estabelecido em 3º lugar no ano de 2016, logo atrás de dois outros escritores que, se comparados à condição de Sheyla na

---

14 Ver: SMANIOTO, Sheyla. *Meu corpo ainda quente*. São Paulo: Editora NOS, 2020.

categoria, não deixam dúvida de que se trata de um lampejo de marginalidade em meio à homogeneidade da tradição literária que prêmios como este se empenham em manter viva[15]. Dito isso, parto para outros dois significados que caracterizariam o que pode ser compreendido por literatura marginal, propostos por Érica Peçanha Nascimento (2009) em seu estudo intitulado *Vozes marginais na literatura*, e que dizem respeito à linguagem e à representação de grupos oprimidos em obras literárias. Se a literatura marginal traz consigo "um tipo de escrita que recusaria a linguagem institucionalizada ou os valores literários de uma época", então não haveria dúvidas sobre o valor marginal-literário de *Desesterro*. Note-se que, aqui, o marginal tem uma valoração para além do literário, visto que o literário que este marginal combate exclui formas de criação que não se ligam a ele diretamente, o que acaba por causar um certo esgotamento do termo "literário", portanto.

Partindo do pressuposto de que o texto de *Desesterro* tem como "projeto intelectual (...) reler o contexto de grupos oprimidos, buscando retratá-los nos textos" (NASCIMENTO, 2009, p. 37), é possível afirmar que, por meio de uma prática radical de releitura (ou de colisão, lembram?) que não se contenta com meras descrições ou enredos pressupostos de personagens marginalizadas, a autora o tempo todo desloca a nossa própria compreensão, enquanto leitoras e leitores da obra, sobre o que achamos que estamos lendo para o que, de fato, iremos ler. E o que, de fato, leremos, é o que tentarei discutir nesta parte do capítulo. O que, de fato, leremos é o que entendo por literatura. É claro que não tenho a pretensão de impor leituras ao romance de Smanioto. Melhor seria dizer "o que, de fato, eu lerei", sendo que o que lerei, no contexto deste trabalho, encaminha-se em uma via de mão dupla em face a *Mar azul*, e é com base nele que me guiarei, a partir de agora, devendo ao *Desesterro* sua marginalidade, sem contudo o tirar de sua literatura.

3.3. UM TODO AMONTOADO DE ENREDO

Desse modo, se em *Mar azul*, o início se dá por meio de fragmentos de diálogos para só depois chegarmos até o capítulo de número 1, em *Desesterro* o início se dá primeiro por um aforismo, depois por

---

[15] O primeiro lugar ficou por conta d'*A resistência*, escrito por Julián Fuks e o segundo por *Bazar Paraná*, de Luis S. Krausz. Em contrapartida, Smanioto levou o prêmio Machado de Assis, promovido pela Biblioteca Nacional, em 2016, e foi uma das finalistas do Prêmio São Paulo de Literatura no mesmo ano.

um título, e só então temos contato com a voz de uma narradora, que vem acompanhada de outras vozes incorporadas ao seu discurso, finalizando-o com uma fala direta de Fátima para responder a um questionamento surgido no parágrafo anterior: "se bem que um pouco assim bem antes do cão ter morrido, um bem pouco antes, não dá nem pra dizer quem é cão e quem é Antônio. Fátima tem certeza: — É o cão" (SMANIOTO, 2015, p. 9). Vemos, portanto, o romance se dividir em camadas, porque capítulos não poderiam ser. Ele se estrutura por várias peças cobertas por outras e/ou sobrepostas a outras, formando, assim, um todo amontoado de enredo. As peças são, primeiramente, os aforismos, dez no total, uma tentativa de dar nome às coisas, uma espécie de crosta. Como exemplo, cito:

> CIRCO É: tudo que é monstro à mostra.
> MONSTRO É: tudo que eu não consigo sequer imaginar. (SMANIOTO, 2015, p. 5)
> FILHA É: amor que come a gente por dentro.
> PERIFERIA É: longe da cidade dentro dela. (SMANIOTO, 2015, p. 79)
> TEMPO É: trem movido a cadáveres.
> TREM É: fantasma fora dos trilhos. (SMANIOTO, 2015, p. 253)
> FOME É: ter palavra na ponta da língua e não lembrar.
> LEMBRAR É: encontrar gostinho de carne em osso pelado. (SMANIOTO, 2015, p. 285)

Depois, um manto em forma de título, uma espécie de cobertura por sobre a narrativa que está por vir: "Três olhos" (p. 7); "Duas vezes nascida" (p. 43); "Vinte e um dedos sem contar essa verruga" (p. 81); e até falas diretas (a nós?): "Vai dizer que você não tinha percebido o que vinha?" (SMANIOTO, 2015, p. 145). Por fim, um núcleo interno, que é do qual se parte para a história a ser contada, sendo desmembrada por meio de curtos fragmentos de enredo até o final.

Na primeira página do romance, em que somos traídos por uma narrativa que parece, à primeira vista, se desencadear de maneira contínua, podemos apontar três temas que perpassarão o restante da obra, a saber: a figura masculina como definidora e desencadeadora de ações, por mais insignificante que ela possa parecer ao longo da narrativa quando comparada à história dessas mulheres; a aproximação entre a subordinação dos cães de fato, e da Magrela principalmente, que tem Maria da Penha por sua dona, com a condição de subordinação das mulheres que são constantemente cobradas pela avó a se comportarem de maneira análoga ao comportamento dos cães a fim de que possam se manter vivas, em concomitância com a subordinação de Tonho ao cão que ele mesmo faz parecer carregar dentro de si; as pauladas e os golpes, que podem ser sentidos no decorrer da leitura por meio de frases curtas e diretas, às vezes bem pontuadas, às vezes atropelando umas às outras, quando se estabelecem por meio de tomadas imagéticas: "O Tonho não, ele gosta é de ouvir o latido esparramado do cão no chão com tripa sangue osso suspiro" (SMANIOTO, 2015, p. 9). Devido a este último apontamento, torna-se impossível realizar a leitura de *Desesterro* sem qualquer coisa de *entrega*. Tentar estabelecer ordens para sintaxes desordenadas, inversas, que se unem pela poesia trabalhando em conjunto com a deformação, tira do romance o seu maior arranjo.

Nesse sentido, *Desesterro* também se distancia substancialmente de *Mar azul*, uma vez que, lá, por menor que seja a linearidade proposta por Paloma Vidal, ainda seguimos um fluxo de lembranças sobrevindas em meio à rotina de uma senhora de mais idade, basta que deixemos a correnteza nos levar. Já em *Desesterro*, mesmo que se trate de um romance também ele apoiado em lembranças, essas lembranças são entrecortadas por uma narradora que parece menos interessada em descrever a vida dessas mulheres do que contar uma história de terror:

> Você deve estar se perguntando o que aconteceu com a Magrela. Mas isso a gente conta depois. Não, vai, vou contar agora. Na Vila Marta Vilaboinha os cães estão vivos mesmo os que morriam, eles latem descontrolados, adivinha? É a Magrela, tadinha, latindo de cão em cão. Achou que o Tonho não vinha, mas sabe que ele vem chegando, e os cães numa doideira do cão, não param de latir mais não, é a Magrela, tadinha, veio buscar o que em Vilaboinha não teve. A canela do desgraçado do Tonho. Mas isso a gente conta depois. Palavra. (SMANIOTO, 2015, p. 220)

Isso quando, de repente, não nos deparamos com um diálogo direto, sem o intervalo de narradores de qualquer espécie, entre pessoas que até então pareciam não fazer parte do romance: "— Você lembra, Deusa? A Maria da Penha quando nasceu gritando não?", "— Foi sim, Maria, você saiu da barriga da mãe já foi gritando não" (SMANIOTO, 2015, p. 228), com o acréscimo de mais sete falas, a partir daí, das duas irmãs de Penha, que surgem de repente e vão aparecendo mais e mais vezes, em forma de diálogos curtos e diretos, ao longo desta parte específica do romance.

Ou ainda, quando essas personagens que acabaram de entrar através dos diálogos parecem ser os interlocutores diretos da narradora, os destinatários para quem a história de terror estava sendo contada desde o início, no melhor estilo metaficcional. Exemplo disso é que, uma página antes do diálogo que transcreverei abaixo, há o aparecimento do aforismo em uma forma até então não vista: com apenas uma palavra, febre. Em seguida, lemos: "— Diacho, eram duas palavras, não uma!", "— E também não eram assim compridas.", "- Não tem respeito nenhum com a gente." "— Nem com a gente nem com nada, como assim febre é Vilaboinha?" (SMANIOTO, 2015, p. 222).

Para, de súbito, nos depararmos com um monólogo proferido por uma das protagonistas ou por Tonho, em momentos de extrema dominação e reprimenda, em que quase podemos ver os olhos tomados das pessoas que o proferem, bem diante da gente:

> Mas antes escuta bem o que vou lhe dizer, menina. Tem carne que só apanha de palavra, então me ouve, desgraça: você está morta, você nunca viveu. Que mais podia ir sendo? Nasceu de uma morte, nasceu de minha mãe morta, só podia mesmo não estar vivendo. Ouve bem se lhe falo: ninguém nasce escuridão. As coisas vivas têm nome, mesmo as coisas malditas, só você maldita não. Está morta, por isso olha longe. Você pensa é sua vontade mas sua vontade é besteira. Vai dizer nunca reparou? Você morta e a gente viva vendo todo dia mainha em você. Você nem sabe o que é isso ter mãe o que é isso mãe. Se fosse sabendo, dava jeito de ir embora, de se enterrar longe da vista. Aprendia a morrer de novo se tivesse consideração comigo, com vó, com mainha. Se botava de vez dentro da terra e deixava para os vivos a vida. (SMANIOTO, 2015, p. 188)

3.4. ENTREGA É PEDRA, É BURACO, É ÁGUA

Em consequência de todos esses fatores, com o adendo da deformação e subversão da sintaxe, aqui não existe nenhuma correnteza, é só pedra pedra pedra; buraco buraco buraco. É pá afundando, enxada cavoucando, escavadeira perfurando. E em meio disso tudo, o vento, um respiro. O contraponto inevitável que se faz, então, entre *Mar azul* e *Desesterro* leva em conta essa semelhança na dessemelhança, uma vez que ambas as obras se pautam em um dos elementos que compõe o universo físico, embora terra e água estejam distantes à medida que a água limpa e regenera, ao passo que a terra suja e danifica (basta recordarmos que a protagonista de *Mar azul* consegue passar de vítima à sobrevivente, o que não ocorre em *Desesterro*). Ou, por ser fluida, a água tende a dissolver-se, ainda que se mantenha coesa e concentrada em virtude de sua homogeneidade, ao passo que a terra, por sua solidez, desmorona ou encobre, e quando pouca, se espalha desigual e fica. A água, ainda, faz nascer e morrer pra dentro; a terra, faz nascer e morrer pra fora. À luz dessas condições, *Mar azul* é um romance de lembranças submersas que vêm de quando em quando à tona e flutuam, chegam até a protagonista e se esvaem; *Desesterro* é um romance de lembranças desenterradas dos corpos vivos soterrados, que tem a morte como cúmplice, sete palmos pro lado.

O que veremos nas próximas páginas, as quais se concentrarão nas narrativas de estupro propriamente, é que tanto a narrativa de Tonho, quanto a narrativa de R, as quais poderiam se dar de maneiras completamente distintas em se tratando de dois romances completamente diferentes, são iguais. Os recursos utilizados por Vidal parecem ser os mesmos que os utilizados por Smanioto, parecem corroborar com a exposição de um crime antes que de um desejo, da mesma forma.

3.5. O ESTUPRO DE TONHO

Lembremo-nos que na seção anterior me propus a responder a quatro questões que subjazem a análise das narrativas que servem de base para essa pesquisa, as quais retomo agora, a fim de dar prosseguimento a este capítulo, mesmo que eu não consiga respondê-las exatamente nesta ordem, ao tratar de *Desesterro*. São elas, então: (1) de que maneira a narrativa de estupro contida na obra impõe-se em meio ao enredo para fins de análise?; (2) de que forma o espaço em que acontece o estupro fomenta o acontecimento?; (3) quem é a personagem responsável pelo estupro na obra?; e, por fim, (4) quais foram as escolhas narrativas de Sheyla Smanioto que possibilitaram um olhar atento ao crime antes de um olhar voyeurístico sobre o que se desencadearia ao longo da narrativa? Comecemos pelo começo do começo.

3.5.1. ENREDO

Desesterro, do início ao fim, é um embrulho; causa embrulho; cede ao embrulho. Não existe meios de nos desfazermos desse embrulho e talvez ele se potencialize à medida que vamos chegando perto de onde *Desesterro* quer mais se fazer lido: junto às narrativas de contornos violentos, junto aos estupros, às pancadarias, aos apelos da fome. Uma denúncia revestida de poesia? Ou, talvez um vislumbre imperioso da crueldade lírica do cotidiano, razão de nos sentirmos embrulhados.

Porém, antes de chegarmos até a narrativa de estupro propriamente dita, tivemos necessariamente de passar por algumas pistas deixadas no revirar das páginas, pecinhas muito pequenas de um quebra-cabeça grande demais. Assim, ainda na primeira parte do romance, intitulada "Três olhos", a narradora descreve o momento em que Maria da Penha decide convocar a todos para tirar um retrato de família por conta do batizado de Scarlett, sendo que o batizado de Scarlett já havia acontecido. Exigia que todos estivessem com os mesmos trajes, o que se constatou impraticável: "Você vai desse jeito pro retrato? Sem sapatos?", indagou a Penha, "No dia do batismo eu peguei emprestado.", responde Fátima. "Seu cabelo estava assim, essa nozeira lascada?", Penha insiste, "A senhora mandou fazer trança, não lembra?" (SMANIOTO, 2015, p. 11). Todas as mulheres estavam lá, menos Tonho: "Do lado da mulher com criança de colo, Tonho ainda vai chegar. O retratista ajeita a máquina até encontrar, no enquadramento, as três mulheres, a criança e o Tonho ele deve estar chegando." (SMANIOTO, 2015, p. 28), até que o retratista percebe que "vai tirar um retrato não da família, mas da espera" (SMANIOTO, 2015, p. 29). Antes disso, ao descrever Maria da Penha fazendo pose para o retrato, a narradora admite: "Talvez nem precise retrato para tão dolorosa calma" (SMANIOTO, 2015, p. 19), e neste mesmo trecho ainda afirma: "A máquina demora quinze segundos para fazer um retrato. Os homens demoram muito mais" (SMANIOTO, 2015, p. 19), uma informação avulsa no meio da espera, que nos causa desconforto à medida que não sabemos do que se trata. Que homens? Demoram no quê? Pra quê? Se a frase estivesse no singular, ainda poderíamos chegar até Tonho e correlacioná-lo com essa espera, como acontece em vários outros momentos, mas talvez uma tal afirmação indique ser Tonho uma espécie de hipônimo dentro da obra, e "os homens", trazidos neste trecho solto, funcione para nos lembrarmos dele. Essa estrutura, inclusive, é prática incomum ao longo de toda a narrativa. No geral, as passagens não sucumbem a generalizações, o esforço que se faz é justamente no sentido contrário, ainda que entendamos que do oposto saem os conhecimentos mais generalizados (o pessoal nunca deixou de ser político, afinal).

Interessante notar também esse contraste entre os termos *espera* e *demora*, já que um indica passividade e exige um complemento: quem espera, está à espera de; ao passo que o outro indica uma atitude deliberada e parece estar completo em si: quem demora é capaz de demorar uma eternidade, enquanto todos os outros esperam. Voltando à narrativa de estupro, a correspondência que se faz, para além do fato de que *se espera* que homem nenhum as violente, especialmente Tonho, é que, mesmo que se esforcem por resistir, uma vez violentadas, assumem para si "o aprendizado da espera", como nos diria a protagonista de *Mar azul*. Nessa espera, a demora certamente parecerá longa, longuíssima. "No começo eu falei pra ela não se incomodar, eu ia ser rápido, ela ia acabar era gostando, mas a rapariga se debatia, então ficou tendo o que mereceu" (SMANIOTO, 2015, p. 112). Mereceu por não saber esperar ou pela espera ser demasiada? A espera de Fátima, desse modo, reverbera, enquanto a espera de Tonho, a qual quase se confunde com a sua demora, se mantém em suspenso: "Eu fiquei esse tempo todo esperando vendo a rapariguinha lá na terra sentada com as pernas abertas enquanto pegava chupava engolia a mãe dela na beira da pia, eu fiquei esse tempo todo esperando porque achei que ela não entendia" (SMANIOTO, 2015, p. 113). O resultado dessa espera torna-se visível no semblante da última geração, no semblante de Scarlett:

> Penha só vê Scarlett Maria aprendendo com os urubus a pisar quieta a terra. Aprendendo com os urubus a brotar da árvore. Aprendendo com os urubus a não pesar. Aprendendo com os urubus a olhar a morte. Aprendendo com os urubus a não morrer. Aprendendo com os urubus a esperar. (SMANIOTO, 2015, p. 234-235)

Outro evento representativo do romance que nos leva até a narrativa de estupro diz respeito ao pai de Fátima. Tudo leva a crer, pela descrição do ocorrido, que sua concepção se deu por meio de um estupro:

> Quando Cida percebeu ficou foi brava, saiu metendo os pés pelas estradas, amaldiçoando as avós, a mãe, mesmo quem ela não lembrava, diacho, amaldiçoou toda a família, até que percebeu que estava perdida. É sempre assim nas estradas de Vilaboinha: qualquer vento forte e elas embaraçam feito linha. Daí só o diabo para pentear.
> Só que a Cida dessa vez não estava sozinha. O sujeito estranho, bigode, corcunda, olhos diurnos como ela não conhecia, um formigueiro do diabo na pele rasa, um cajado para as ovelhas que contava antes de dormir, os cabelos dormidos no chapéu de aviador, o sujeito tentou dizer para a Cida tentou tentou e não conseguiu dizer o que tanto queria. A Cida, mulher estranha, cabelos arbóreos, braços de ripa, ouvia tudo, entendia nada. Era uma reza, só podia ser, o sujeito punha os dentes no caminho, Cida não entendia nada nadinha, o sujeito trotava com os dentes, vê se pode, ciscava com a língua. Foi ciscar na nuca da Cida nos beiços nos peitos. O pai de Fátima. (SMANIOTO, 2015, p. 65)

Ao que Penha orienta: "Entregue sua filha pra santa, a Penha disse assim que nasceu a criança, não precisa ficar nem de escolha nem de lembrança, ouviu, Maria Aparecida? Nome de santa." (SMANIOTO, 2015, p. 64) Fato. Maria Aparecida, entrelaçada demais nesses caminhos embaraçados de Vilaboinha e devedora demais às tradições da família que ela nem conhecia, filha direta da Penha, não saberia dizer o que se passa com ela. Não saberia nem enxergar. Não entende nada mesmo, nadinha, mas sabe que entende de sonhos, disso ela é capaz:

> — Todos eles, Carminha?
> — Todos, Cida, de uma vez.
> —Como sucedeu isso, Carmen de Deus?
> —Não sei, Cida, era um do lado do outro, tentando...
> —E conseguiram?
> —De um jeito ou de outro, gente que eu nem conhecia...
> —Carmen, você sabe o que isso quer dizer, não sabe?
> — Oxe, não sei não, Cidinha.
> — Sonhar com terra...
> — É, era como se eu fosse feita de terra.
> — E eles cavavam você, todos eles?
> — De todo jeito que podiam.
> — Diacho, mas tem quem não lhe queira bem?
> — Todas aquelas pessoas em cima de mim...
> — O que tem elas, Carminha?
> — Todas elas queriam meu bem. (SMANIOTO, 2015, p. 68)

A menção à personagem feita de terra neste diálogo nos leva a outra descrição, vinda logo após a narrativa do estupro de Tonho, cuja metáfora se justifica:

> A viga atravessando a terra suas farpas deflorando os dedos, lascas de bambu, traços de cipó brotados na terra lamacenta, ela gosta, é disso que a terra gosta. As enxadas máquinas gente cravando na terra, atingindo a terra feito dentes, futucando a terra buraco quente. As pás sem dó nem piedade, encaixa pisa arranca encaixa pisa arranca isso encaixa vai pisa pronto arranca, vai, vai, vai, rasga até a gente encontrar. Ela gosta, a terra gosta. Vamos com tudo, vamos desenterrar, mete a pá, anda, mete a pá, mete a pá até a terra cansar. Sem nada a gente não volta, anda, arromba a terra até ela largar. Olha lá, olha lá, uma estrutura na terra deflorada, olha, olha lá, eu falei era só deixar a terra cansada. Fotografa, anda, o que mais a terra tem pra dar? Que droga, não tem corpo nenhum, não tem crime sem corpo, ainda não é o corpo, que droga, ainda não é nada, parem de fotografar, não é nada é só uma casa. Desenterrada no meio da Vila Marta. (SMANIOTO, 2015, p. 115)

(Abro um parênteses para falar rapidamente sobre a migração de Fátima (que não é Fátima[16]) de Vilaboinha para a Vila Marta, pois a

---

16 Entendo a Maria de Fátima, descrita desde o começo do romance como a personagem que migra para São Paulo, sendo, na realidade, a menina sem nome, Maria menina, ao contrário do que algumas resenhas da obra vem afirmar. Contudo, não caberia aqui uma explicação mais detalhada a esse respeito, uma vez que este não é o propósito do trabalho. Mas serve de sugestão.

construção narrativa desta história é a deixa, na realidade, para alcançarmos todas as outras e, por essa razão, fazer a análise dela nos levaria a um outro trabalho. Sendo assim, me restrinjo a explicar que a história das mulheres de Vilaboinha está sendo contada por uma delas, a qual conseguiu se desvencilhar do físico de lá para cair em um novo físico em São Paulo, que é o da favela, do barraco, da fome, da miséria da mesma forma, embora agora desenterrada, não mais abafada, podendo ser nomeada. O paralelo que se faz, a partir disso, pode se dar à luz da especulação imobiliária ou até mesmo de uma certa higienização, um limpar de terra desperdiçada. Contudo, mesmo a especulação ou a higienização, ou ainda o que se tem procurado encontrar em Vila Marta, parte sempre de um ponto de vista masculino. É um novo Tonho desenterrado.) Assim, a última citação descrita – lembrando que ela chega até nós logo em seguida da narrativa de estupro proferida por Tonho – nos remete novamente à Vilaboinha, ao mesmo tempo em que nos desloca para este momento da Vila Marta, não podendo esquecer da associação que se faz da mulher com a natureza e, principalmente, da mulher com a terra. Decido, portanto, encerrar a resposta que venho construindo para a primeira pergunta neste momento, logo após este trecho do romance, porque o entendo como paradigmático no contexto deste trabalho. Como a narrativa de estupro se impõe em meio ao enredo? Não há como fugir dela, seja em Vilaboinha, seja na Vila Marta.

3.5.2. ESPAÇO

Dito isso, me concentro agora na questão do espaço, mas antes de chegar até ela, gostaria de fazer um contraponto em relação a *Mar azul* e à idade da protagonista de lá, em oposição às idades das protagonistas de *Desesterro*. Assim como no romance de Paloma Vidal, nós não temos nenhuma confirmação quanto a números. Sabemos, por exemplo, que vinte anos se passaram desde que Fátima (que não é Fátima) chegou à Vila Marta para desenterrar seus mortos e deduzimos, por conta disso, que ela deixou Vilaboinha muito nova. No entanto, ao contrário do que se dá em *Mar azul*, em que temos uma protagonista por volta de seus 60 anos rememorando sua história, em *Desesterro*, imaginar uma senhora relembrando seu passado se torna ilegítimo. Se Maria da Penha soa como uma mulher mais velha, é porque "quando Penha pensava deve ser ele o respiro da terra, e quando futucava caneco vai que tem vento, só mais um, não vinha é vento nenhum buscar seu corpo pra terra, diacho, não era hora dela?" (SMANIOTO, 2015, p. 129). Ou seja, Penha estava viva era por teimosia do tempo, por um azar do vento que não a levava, mas num contexto de privação extrema, de penúria exacerbada, manter-se vivo era a própria morte, "(…) a morte de que se morre / de velhice antes dos trinta, / de emboscada antes dos vinte, / de fome um pouco por dia." (MELO NETO, 2007, p. 92) Juntando o que entendemos ser a pouca idade de Maria Aparecida, de Maria de Fátima, da menina sem nome e de Scarlett, esta última por si mesma um milagre, afinal

> Em Vilaboinha quase não tem criança pequena fora a bisneta da Penha. Não é difícil nascer em Vilaboinha, mas faz tempo que lá não tem parteira. Só nasce mesmo a criança que vai tateando até a beira, não cansa, o miúdo que vai tateando até que alcança, na carne, a vida esse buraco imenso. (SMANIOTO, 2015, p. 45)

à dedução, por conta do enredo, que esta história tem seu início no sertão nordestino, podemos, então, chegar a algumas conclusões. A primeira delas é que o sertão nordestino, uma vez longe dos centros urbanos e de zonas agrícolas, onde não existem empregos formais, em que qualquer ocupação depende da safra colhida do próprio quintal, da única galinha que sobra, região da espera por excelência, da educação pela fome, muito longe da do papel e da caneta, o local tem como característica primeira legar aos seus habitantes o signo da violência encalacrado em seus corpos e em suas vivências. Não surpreende, assim, que em muitos trechos do romance, nos deparemos com xingamentos desferidos a cada uma das personagens, sendo antes um costume que um problema, pois as palavras que doem não são as palavras ditas propriamente, mas, sim, as que nem sequer puderam ser nomeadas. Deixo, a título de exemplo, uma fala de Maria da Penha para Fátima nas linhas abaixo:

> Venha cá, animal. Venha cá, levante dessa pia, encoste sua testa aqui em meu braço, anda, não faça essa cara. Encosta aqui, limpe o focinho primeiro. Depois reclama se não lhe chego perto, vê se pode. Anda, menina endiabrada, encoste. Fátima, minha filha, tudo tem sua hora. Pegue aqui Scarlett, o almoço já vem e a galinha não morre sozinha. O que foi que eu disse? Eu sei é a última galinha, mal-agradecida, depois reclama se não tem comida. (SMANIOTO, 2015, p. 135)

Nesta fala de Maria da Penha, fica clara também a violência simbólica contida em "depois reclama que não lhe chego perto". Difícil sobrar afeto quando nada mais sobra. Ainda se vê uma sequência de violências aprendidas e repassadas: Maria da Penha e Tonho batem em Maria de Fátima, Maria de Fátima bate na menina sem nome, a menina sem nome bate em Scarlett. Todas mortas, todas morrem. Só Tonho fica, cabra-macho, bem sabemos.

3.5.3. A PERSONAGEM QUE ESTUPRA

Ao longo de tamanho desconforto: Tonho, um embrutecido. Que só não viu sua vida ser enterrada ao lado das (suas) mulheres porque se sedimentou para fora, o que lhe era possível, em meio à selvageria compulsória que lhe fora legada. Se, no romance, as mulheres são feitas de terra, Tonho é cimento puro. Nesse sentido, Fátima podia estar coberta de razão, talvez exista mesmo em Tonho um cão, ou vários, latindo raivosos para qualquer um que, sem ter por intenção, atravanque sua passagem (incerta), porque não há razões para pedir licença por uma passagem que prescinde de trilhas seguras. Também porque pedir licença é supor uma sobra de espaço, e não há espaço, muito menos sobra. Tonho encarna, portanto, o excesso do contrário que se quer que sobre (desesterro?), porque ele sozinho já é caminho e passagem; ele somente já é só espaço ocupado e ocupando. Pelo cão? Na fotografia de família, Tonho não aparece, mas lhe sobra um espaço, cedido ao vento; um respiro. Em casa ele nunca está, mas "ele já deve estar chegando", o mesmo vento atravessando; um respiro. Pois quando

> Ele chegava em casa o diabo no corpo ele chegava em Fátima e a menina se escondia, a menina pegava Scarlett e as duas ficavam embaixo da pia. Fátima deitada na mesa, empurrada, Fátima levando pancada, rendida, a toalha de crochê desenhando em sua cara, olhava a menina e a filha, olhava as duas e se perguntava que carne é essa o olho, que apanhando longe doía. (SMANIOTO, 2015, p. 183)

Em relação a este último excerto, o que motivava suas ações? Afinal, sabemos que cão é só um arremedo. O Tonho não tem calos como as mulheres para querer lixá-los, mas é calejado ainda sim, pela segurança da insegurança, um bem seu, diga-se de passagem.

> Pegou Fátima pra casar ela ainda era pequena quase uma criança. (…) não teve jeito depois do acontecido. (…) Pegou a Fátima e desde então não fica sem ela de jeito nenhum fica sem lençol na cama de palha, sem seu jeito de servir a cuia, jeito calmo, sem cão nenhum, sem o silêncio de Fátima ele não fica. (SMANIOTO, 2015, p. 83)

Em última instância, Tonho é "homem frouxo" (SMANIOTO, 2015, p. 273), mas com artifícios herdados: "o Tonho com seu cão beirando os olhos faz a gente ficar assim diante dele, sem palavra" (SMANIOTO, 2015, p. 173). Seguir pelo trajeto do cão ficou parecendo menos arriscado agora, porque as palavras já foram ditas:

> Quando o Tonho ouve a respiração sofrida de um cão ele acha que matando os cães ali fora vai matar também os seus. Não sabe pra que latem, só não aguenta mais ouvir o tempo inteiro latidos o mundo inteiro latindo não aguenta mais, então tudo que é cão ele vai e mata na paulada. (SMANIOTO, 2015, p. 96)

Homem frouxo. Só que não há cães em Vilaboinha, exceto pela Magrela, nós sabemos, e assim como a Magrela, as mulheres, quando topam com Tonho ou são por ele topadas, dão seu jeito de "arruma[r] os incômodos e volta[r] a dormir" (SMANIOTO, 2015, p. 104). É claro que o jeito delas é, a bem dizer, o jeito dele, mas isso os cães também explicam junto com o excesso de espaço que for preciso.

Como saber quando Tonho tem "seu cão beirando os olhos"? Fátima. Só um amor esticado assim, quase rebentando, é capaz de fazer todos os cães acordarem, saltarem para fora, em Vilaboinha ou mesmo na Vila Marta. "Diacho, como ele ama essa mulher" (SMANIOTO, 2015, p. 83). É que Tonho é o único homem em posse de voz própria ao longo de toda a narrativa. Uma voz dupla: de um lado, o marido de Fátima, pai de Scarlett, Antônio; de outro, o cão e seus latidos intermináveis que precisam ser silenciados pelo sofrer dos outros às pancadas. Não conhecemos, porém, Tonho marido de Fátima senão como estando já tomado pelo cão. Amor do cão, é possível dizer. Não conhecemos Tonho pai de Scarlett ou pai da Maria menina, porque, para elas, "pai é tudo que faz a gente ficar escondida, embaixo da pia, cochichando com as próprias feridas. Pai é que nem deus, chega feito ventania e tem filhos demais, não importa quantos, filhos demais pra lembrar de cada um, saber o que gosta" (SMANIOTO, 2015, p. 259). Conhecemos somente Tonho-cão, portanto, olhos tomados, aquele que não para em casa, mas que está sempre quase chegando.

Já deve estar chegando, sim, com o pé na porta, a ripa na mão, as costas de Fátima grudadas na mesa da cozinha, Scarlett no colo de Maria menina embaixo da pia, quietinhas. Ele já deve estar chegando, de algum lugar, ninguém sabe, todo mundo espera, que não. A diferenciação que se faz entre Tonho, Antônio e o cão parece querer se mostrar sobremarcada, embora frustrada, fazendo da frustração a própria razão de ser das tentativas de diferenciação. É o perdão pedido a esmo, pelo vento levado, um suspiro:

— Fátima, abre a porta, sou eu, o Tonho, o Antônio, seu marido, Fátima, pai de sua filha. Fátima, eu sei que é você, eu sei que você está aí, abre a porta, anda, Fátima, abre a porta pra gente poder conversar, diacho eu senti tanto sua falta eu achei que você tinha morrido, eu deixei você estrebuchada, minha cadelinha, eu jurava que você tinha ficado morta, mas não. Abre a porta, Fátima, anda, deixa a gente conversar se entender, não me aperreie, mulher, eu explico tudinho, diacho, todos esses anos procurei por você, vim a pé desde Vilaboinha, Fátima, capengando, roubando comida, arranjando trabalho, diacho, eu cheguei aos frangalhos. Antes de vir fui ter com sua vó, achei que você estava morta mas ela disse que você meteu os pés pelas estradas, largou ela sozinha e veio pra São Paulo sumida. No final das contas você conseguiu, minha cadelinha, você sempre foi assim de conseguir fazer mesmo o que não queria. Abre a porta, anda, vai dizer você não sentiu minha falta? (...) Vai dizer que você ainda está brava comigo, cadelinha? Abre a porta, eu lhe explico, anda, eu não fiz por mal ter você morta, eu não fiz por mal, diacho, os cães eles não param de latir. Você me conhece eu não fiz por mal, você não fez por mal eu te perdoo, Fátima, abre a porta e eu te perdoo, Fátima, eu nunca que fazia mal pra você, anda, eu sempre parava de bater, abre a porta, eu enfrentei todo dia esse cão do diacho por você. (...) Eu achei que você tinha gosto por mim você não me tem gosto, Fátima? (...) Você deixa eu entrar eu explico tudo você entende, Fátima, você não é que nem toda mulher, você entende, Fátima, você me perdoa. (...) Fátima, eu sei que você está aí, desgraçada, abra essa porta ou eu lhe encho de pancada. (SMANIOTO, 2015, p. 257-258)

Aqui não é Antônio, não é Tonho, nem é cão: é só trauma da lembrança desenterrado. Fantasia, alucinação que, claro, termina em pancada. De seu comportamento, para chegar até essa fala direta afetada, presumem-se as principais características: agressivo, bruto, cruel, imoderado; ele é truculento, selvagem; colérico, descontrolado. Haveria uma forma de fazer parar os latidos em Tonho? Haveria uma forma de não ser Tonho seu próprio latido? Nada acontece com Tonho ao final do romance, é preciso que se diga. Ele mata Fátima e some. As mulheres, ou morrem ou, por sua vez, também "somem" (indo para a Vila Marta), e a sensação que fica em nós é a de que, da mesma forma como Tonho "já deve estar chegando" para elas, nós também o aguardamos, amedrontados. "O Tonho qualquer hora chega"; "o Tonho ele deve chegar a qualquer momento"; "o Tonho nunca chega, mas ele já deve estar para chegar". "entre a mulher com a criança e a menina, o Tonho vai estar sempre quase chegando" (SMANIOTO, 2015, p. 29).

Tonho já deve estar chegando, um incômodo, um líquido solto no corpo, o diabo que o carregue junto ao sim antevisto naquela passagem. O que é Tonho, exposto, afinal? Tonho parece querer encarnar a figura do cabra-macho, do nordestino feito "homem que se situa na contramão do mundo moderno, que rejeita suas superficialidades, sua vida delicada, artificial, histérica" com todos aqueles "costumes conservadores, rústicos, ásperos, masculinos" (DURVAL, 2013, p. 150). Sua visão de mundo prevê ser ele "um macho capaz de resgatar aquele patriarcalismo em crise, um ser viril capaz de retirar sua região da situação de passividade e subserviência em que se encontrava" (DURVAL, 2013, p. 150). Um nordestino, "definido como o macho por excelência" (DURVAL, 2013, p. 150); "Fátima tem certeza: — É o cão." (p. 9) Fiquemos no seu percalço para que o compreendamos melhor:

> — Vamos dizer que eu tive que fazer uma coisa. A coisa mesmo nem se importe. A senhora minha tia entende, um homem tem que fazer suas coisas, nem toda mulher é boa mulher, diacho, a senhora entende. Já viu a neta da Penha? Ela ficava na terra com as pernas arreganhadas, ela pequena e me fazendo querer arreganhar de vez aquelas pernas. Eu falei pra ela, conheço esse jogo de rapariga, esse jogo de quer não quer, eu sei bem o que você quer. Eu falei pra ela, eu sou boa pessoa, diacho, você sabe que já tinha era morrido de fome se eu não tomo conta de você, de sua mãe Aparecida. Eu ia falando com ela mas sabe a escuridão que deu esses dias? Eu ia falando de repente a escuridão de repente eu não via mais nada, minha tia, veio a escuridão e eu nem sabia mais onde ela estava, diacho, quanto menos a mãe dela. Ela ficou meio raivosa, acredita, minha tia? Ela ficou nervosa saiu tropeçando nas coisas e a cachorra junto dela, deve ser da louca da Penha, diacho, a cachorra não parava de latir. Desde pequena sentada na terra com aquelas pernas, e agora que eu ia ter o que é meu isso é jeito? Eu fui um pai pra ela, minha tia, não quero que ela ache que sou má pessoa, então expliquei volte aqui eu gritei, mesmo na escuridão eu expliquei, ela é minha por direito, eu procurei a danada com as mãos eu achei ela se encontrando nas coisas, não via nada mas enxerguei Fátima na marra, mesmo com a cadelinha latindo desgraçada. Eu entendo esses jeitos de mulher dizer quer não quer, minha tia, mas a vida não é só o que você quer, eu falei pra ela, eu falei quando ela começou a se debater, a cadelinha pregada na minha canela. A vida é dura, Maria de Fátima, você está achando o quê? Eu sei que isso é jogo de mulher quer não quer, eu sei que você quer ou não tinha as pernas assim meio abertas, diacho, os peitos desse jeito embaixo dos panos, anda, aproveita que sua mãe não está olhando, eu sei bem o que você quer. É normal ter medo, eu falei pra ela enquanto ela se debatia, a cadela na minha canela, é normal sentir dor, eu falei enquanto ela se debatia comigo nela, diacho, gostoso demais. No começo eu achei ela tinha entendido, mas a rapariga falou pra eu parar, minha tia, a Cida ia logo chegar e ela pedindo pra eu parar, acredita? Diacho, você não pode mudar de ideia no meio do caminho, eu bem que falei sem nem parar claro que não, você foi deixando as pernas soltas esse peito perto de fora da roupa diacho esses peitinhos perto de mim que sou

louco em mulher, queria o quê? Isso não é jeito, depois desse tempo todo com as carnes por perto esse tempo todo botando saia mais comprida e eu faminto, acredita, minha tia? Eu decidi que ia continuar, ela não podia mudar de ideia no meio do caminho, o diacho da cadela na minha canela, devia era ser jogo de mulher quer não quer, essa maldita cadela. É verdade eu quis continuar ainda mais, diacho, tem coisas que um homem não tem que não fazer, eu nem sabia onde estava a mãe dela. Ela começou se debateu feito cadela, e eu queria ainda mais, diacho, quanto mais ela se debatia, a cadela, mais fundo eu ia nela. A outra cadela não largava minha canela. Daí eu tinha era mais sanha, porque ela bem que ficou merecendo, cadela, esse é bem o jeito de uma cadela querer. No começo eu falei pra ela não se incomodar, eu ia ser rápido, ela ia acabar era gostando, mas a rapariga se debatia, então ficou tendo o que mereceu. Só podia mesmo ser seu jeito cadela de me querer ainda mais. Diacho, queria ter visto a cara dela, mas foi na escuridão, minha tia, na escuridão que deu esses dias. Começou a chorar, a desgraçada, como se eu estivesse fazendo mal pra ela. Eu aguentando esse tempo todo os dentes da cadelinha dela pregados na minha perna, eu aguentando sem nem fazer nada, diacho, e ela me tendo por diabo. Eu não sou má pessoa, não tem condição de eu fazer mal pra ela. Do jeito que ela chorava até parecia do jeito que ela chorava eu até fui gostando. Chutei a cadela. Sossega, eu martelei bem fundo nela, para de fingir que não gosta, eu sentia nas pernas putas dela que é disso que ela gosta, sentia nas mãos a cara rapariga dela, e ela resolvia mudar de ideia? Jogo de mulher quer não quer, diacho, igualzinho à mãe dela. Eu disse pra ela, eu não vou machucar você, para de fingir que não gosta ou eu vou machucar você, eu sei que você gosta, diacho, eu falei pra ela. A cadela voltou na minha perna e eu dei outro chute nela. Ela ficou chorando, esperneada, feito sonsa, assim é que eu gosto. A rapariga sabe o que faz, cale essa boca, eu falei, assim que eu gosto você se debatendo louca, eu falei pra ela. Diacho, a senhora entende, eu sei que ela não é boa mulher, mas se debate que nem bicho no abate, raivosa, cravando as unhas, tentando sair pelas beiradas, diacho, gostoso demais. Eu fiquei esse tempo todo esperando vendo a rapariguinha lá na terra sentada com as pernas abertas enquanto pegava chupava engolia a mãe dela na beira da pia, eu fiquei esse tempo todo esperando porque achei que ela não entendia. Mas a rapariga se debate como ninguém, minha tia, eu acabei foi gostando desse jeito dela se mexendo toda comigo dentro, raivosa, isso é o que um homem quer, devorar a puta enterrada nela, não uma cadelinha chorona, perninhas abertas na terra lá fora. Eu falei pra ela que a mãe dela ia ficar era brava com ela se descobrisse a putinha que ela é. Eu por mim fiquei foi louco, minha tia. Diacho. Achei que ela fosse outra, quieta, mas não, ela se debateu todinha em mim, diacho, gostoso demais. Bem o sol voltou e eu vi a cara dela os olhos dela me encarando, eu vi a Fátima naqueles olhos, ela não parava de me encarar, acredita? Foi quando bateram na porta pra avisar que morreu a Cida. Fiquei doido só de pensar, ela não era mais minha filha. Fiquei doido só de pensar em outro homem indo lá devorando minha cadelinha, e de pensar nela se debatendo em vara que não é nem minha. Rapariga não quer saber de homem bom, minha tia, eu tive que dar jeito essa danada eu tive que dar um jeito dela ser minha. Eu saí de lá deixei ela e a outra cadela caída no chão fingindo de morta a putinha e fui ter com a vó dela. Fui bem direto: ela não dá mais pra homem certo, comi até o cu dela. A Penha dizem que é louca, mas é mulher boa, disse pra mim, Tonho, faça o que for preciso, só deixe a menina da Cida comigo. Parece que a Cida morreu tendo filha. Acredita? Vou casar, minha tia. (SMANIOTO, 2015, p. 110- 114)

Em primeiro lugar – e com o perdão da quebra de tom exigida pela resposta seguinte —, justifico porque transcrevi a fala inteira de Tonho em uma só citação: acredito que ela não funcione da mesma forma se intermediada por recortes. Na realidade, acredito que *Desesterro* sofre perdas imensamente a cada vez em que tento isolar trechos para fins de análise, mas não se pode fazer muito quanto a isso. Mais à frente, será possível destacar trechos da narrativa acima para compará-la à fala de *Mar azul*, ou quando calhar de ser necessário esclarecer algum ponto. Por ora, é preciso que ela se estenda por mais de uma página inteira com o objetivo de fazê-la chegar até a questão de número um e, aqui, já me adianto: para respondê-la, terei de contradizer o que afirmei na seção anterior sobre *Desesterro*. O romance não é composto apenas por fragmentos curtos os quais comporiam o núcleo interno da obra, o seu enredo. Posso trazer a fala de Tonho como fragmento para fins de análise, mas a verdade é que ela não está fragmentada, ou não parece fragmentada, quando comparada às outras falas do romance. Pelo contrário. O que se vê, então, é uma quebra temporal e rítmica, *fazendo da narrativa de estupro um evento para o qual se deve chamar a atenção*. Diferentemente de outros momentos, em que a leitura se perde em meio a personagens, ações e dizeres, aqui nós sabemos que se trata de Tonho, sabemos que ele se dirige para uma "senhora sua tia", conseguimos acompanhar a ordem dos fatos por ele narrados e caímos em uma conclusão para o que se sucede. Ou seja, a narrativa de estupro em *Desesterro* tem começo, meio e fim. É o enredo do estupro enredado no próprio romance através da fala do estuprador. Será que isso lembra alguma coisa?

3.5.4. POSSIBILIDADES ESTÉTICAS

Por fim, é preciso que nos voltemos agora para a última questão que se coloca sem demora, em relação às escolhas narrativas de Sheyla Smanioto, as quais possibilitaram um olhar atento ao crime antes de um olhar voyeurístico sobre o que se desencadeia ao longo da narrativa. Não é difícil aproximar *Desesterro* de *Mar azul* ao compreendermos ambas as narrativas de estupro como devedoras da hipotipose, mas sobre ela, nós já entendemos. Há, porém, em *Desesterro*, algo além da figura de linguagem e das sensações por ela impostas. Há ainda um desejo de vingança, não encontrado no romance de Vidal. Isso se verifica logo no início, quando Fátima, depois de ter ido ao circo para ver a mulher-gorila, passa a sonhar com "as bananas-da-terra, talhadas em madeira, todas pintadinhas" que auxiliavam na composição do cenário. Em um determinado momento em que a narradora passa a descrever este sonho, somos confrontados pelo susto de ver Tonho fazendo parte dele:

> Esse sonho a banana entre as pernas, as pernas se lambendo entre elas, a banana quase não passando pela goela. Esse sonho uma banana toda sua, toda suada, a banana o seu membro animal, peluda, escorregando em tudo, querendo entrar fundo. Esse sonho com a banana escorregada era sua fome, era grande, amarela, erguida, era o membro que Fátima não tinha. Esse sonho entrando nas carnes de Tonho desacordado, esse sonho invadindo as carnes de Tonho mal dormindo, e aos poucos mais fundo ela ia indo, e aos poucos só mais um pouquinho... (SMANIOTO, 2015, p. 61)

Esse sonho era o desejo de Fátima de fazer Tonho passar por aquilo que ela passa, seu ressarcimento. Esse sonho é o que nos leva até a narrativa de estupro, sendo ele uma narrativa de estupro singular em sua própria composição. Em outro momento, a narradora, antecipando as ações de Fátima, dá seu aval para que possa existir um cão também dentro dela: "Imagina um cão dentro perdoando Fátima por tudo que ela vai fazer? Um cão comendo tudo que é culpa, um cão latindo em Fátima e Fátima dizendo que foi o cão? Diacho, ia ser tão bom" (SMANIOTO, 2015, p. 174). A partir da pergunta, abre-se a possibilidade e a história começa a pender para o lado mais fraco, o de Fátima. Fátima passa a ter o protagonismo nas palavras da narradora:

> Ela olhava a criança e apanhava, quieta ela apanhava quietinha, mais uma vez não implorava pra viver, mais uma vez não dizia nada. Era o corpo quem sofria, não ela, o corpo dela era de Tonho, não dela. Ela só olhava a criança torcendo para que os gritos do pai a surra toda para que nada disso acordasse, na filha, a vontade de ser que nem a mãe. O pai pelo menos batia. (SMANIOTO, 2015, p. 183-184)

Era uma opção para Fátima bater? Não era, mas poderia ser. Ao decidir ir embora para São Paulo, parece haver "uma vila inteira de cães" tomando conta de Fátima, insegura na segurança de sua própria decisão. Até que "agora é Tonho quem está mudo":

Ele passeia em volta, sem entender, manadas suas veias, bicho no abate, o silêncio dos cães que, diacho, não latem. Ele passeia em volta chutando tudo a Fátima quieta segurando panela, o trambolho à mostra, sangue em suas veias, o Tonho assustado com seus cães dormindo, a Fátima meu deus quase sorrindo. (SMANIOTO, 2015, p. 203)

Ao final deste trecho, ficamos sabendo que "o golpe na cabeça de Tonho rompe o sangue. O sangue nas mãos de Fátima rompe seu silêncio" (SMANIOTO, 2015, p. 204). O silêncio de Fátima tem, pela primeira vez, um travessão que o desentope:

> Gosto não nasce em trapo guardado, cão do demônio - O silêncio de Fátima rebenta, jorra, logo antes de ela ir embora. - Não se faz gosto como quem faz doce botando a gente em compota, desgraçado, isso não se faz. Apanhar de quem a gente tem gosto deve ser outra dor eu não conheço essa dor eu conheci outra dor, diabo, outra dor que não a surra. Esse tempo todo quieta em sua casa, guardada na saia de minha vó em suas pancadas esse tempo todo guardada não me fez doce, desgrenhado. Eu não quis nascer sua filha, é verdade, ela veio quietinha, eu não quis, mas Scarlett nasceu essa fome eu não tinha essa fome eu não conhecia, bater na menina, essa fome eu fui ter com o louco sozinha essa fome de ter com você, Tonho, e falar é outra fome que eu tenho, Tonho, essa fome eu (SMANIOTO, 2015, p. 211)

Maria de Fátima chega a saciar essa fome de ter com Tonho, de falar, cuspir toda a terra engolida, por anos vencida, ainda que o final dessa história se dê com ela morta. Fazer o que? "Mulher nenhuma morreu de apanhar de marido, exceto as que estão mortas" (SMANIOTO, 2015, p. 106). Até a Magrela quis se vingar de Tonho, depois de reposicionada em Vila Marta Vilaboinha, como vimos na seção anterior: "É a Magrela, tadinha, latindo de cão em cão. Achou que o Tonho não vinha, mas sabe que ele vem chegando, e os cães numa doideira do cão, não param de latir mais não, é a Magrela, tadinha, veio buscar o que em Vilaboinha não teve. A canela do desgraçado do Tonho" (SMANIOTO, 2015, p. 220). Essa marca do revide, é o que também dá o tom de todo o romance, mesmo que entremos na história dessas mulheres achando que permanecerão soterradas. Mesmo que finalizemos o romance achando que literalmente foram todas enterradas. É que duas foram e ficaram na Vila Marta, o Tonho não poderia ocupar todos os espaços. Duas conseguiram sair. *Vós podés salír*, parece que ouvimos a narradora de *Mar azul* querendo dizer à Maria Menina, à Scarlett Maria, ou mesmo à Maria de Fátima quando ela decide chamar pelos seus próprios cães. Quisemos, com elas, de Tonho também nos vingar; amedrontados.

A narrativa de estupro toma ares de importância em meio a todo o enredo, paralisa quem a lê, torna custoso o restante da travessia, tudo isso é verdade. Contudo, "tem coisa que é bom de a gente dizer, pra modo de olhar bem de frente o que diz" (SMANIOTO, 2015, p. 291) e uma vez dito, transforma: "tudo a gente tem ideia de como a mulher deixa de ser mulher pra ser outra coisa gorila" (SMANIOTO, 2015, p. 229). Vira fortaleza Maria.

PARTE II – UM LIMITE ÀS DISCUSSÕES

Narrativa é um termo genérico. O que não significa dizer que não traga em seu bojo certa complexidade a qual precisa ser explorada, a fim de que possamos nos aproximar de algum esclarecimento sobre o que seriam, então, narrativas de estupro em específico (uma vez que não me proponho a exatamente defini-las, mas sim as tornar reconhecíveis). Em vista disso, associar narrativa com uma certa noção de história ou "estórias" faz-se inevitável, uma vez que a narrativa pertence, a princípio, à própria história literária. Ao pensarmos em narrativas, fazemos suscitar imagens vinculadas aos livros, ao cinema, à televisão, aos jornais, a "causos" provenientes de conversas informais, ou até mesmo a material fotográfico e às artes plásticas. A narrativa, ou o ato de narrar algo, institui o humano do ser, ao mesmo tempo em que institui o ser das coisas e as coisas de suas especificidades. Não há como fugir à necessidade de relatar acontecimentos, de descrever experiências, de contar em detalhes aquilo que não pode mais ser vivido senão enquanto retrospecto, fantasia ou criação. Contudo, todos esses verbos, "relatar", "descrever", "contar", invocam outro modo muito próprio nosso de também instituir o humano do ser, o ser das coisas e as coisas de suas especificidades e que, na realidade, só se tornam possíveis por meio dela: a linguagem. Ou, em outras palavras, mais precisamente as palavras de Benveniste (1988), "é na linguagem e pela linguagem que o homem se constitui como *sujeito* [grifos do autor]" (BENVENISTE, 1988, p. 286). Temos, portanto, na linguagem, uma força muito particular de autonomia, seguida de uma outra de contenção. Ou seria o contrário? Talvez tenhamos mesmo uma força de contenção primária a qual só depois poderia manifestar-se enquanto autônoma, no sentido de discursiva, se alinharmos o discurso à subjetivação ou aos modos de subjetivação que nos atravessam. Diriam alguns que a narrativa e o discurso apresentam suas definições em separado: a narrativa partiria de um objetivismo oposto ao subjetivismo do discurso. Ou ainda que, em seu estado puro, a narrativa seria "a transitividade absoluta do texto, a ausência perfeita (...), não somente do narrador, mas também da própria narração, pela eliminação rigorosa de qualquer referência à instância de discurso que o constitui" (GENETTE, 1976, p. 270), mas sabemos que alcançar tal estado de pureza não passa de uma irrealidade e que o mais correto seria estabelecer as suas respectivas contaminações, como afirma Genette (1976): "há quase sempre uma certa proporção de narrativa no discurso, uma certa dose de discurso na narrativa" (GENETTE, 1976, p. 270). Contudo, sabemos também que a afirmação de Genette (1976) hoje se situa mais na obviedade do que na novidade. Em termos literários, vemos o *discurso narrativo* como algo intrínseco aos textos em prosa (e não só). A história, ou a narrativa, sempre acontece de algum modo e é justamente dentro deste modo que está localizado o discurso. Mais que isso, como nos mostra a professora Regina Dalcastagnè, em seu livro *Literatura brasileira contemporânea: um território contestado* (2012), "se podemos dizer que a narrativa contemporânea não é mais aquele lugar em que 'a noção de verdade é indiscutível', a que se referia Umberto Eco", ou seja, se ela não mais pressupõe certa objetividade ou até mesmo neutralidade, "é porque uma série de transformações sociais, políticas e históricas foram impulsionando homens e mulheres a duvidarem, a reconhecerem todo e qualquer discurso como um espaço traiçoeiro, contaminado de intenções, e de silêncios imperdoáveis" (DALCASTAGNÈ, 2012, p. 105). É sobre esses mesmos silêncios e suas configurações na literatura que fala a pesquisadora alemã Sabine Sielke, já na introdução de sua obra *Reading Rape: The Rhetoric of Sexual Violence in American Literature and Culture 1790-1990* (2002), em que afirma:

> Uma vez que os textos significam tanto pelo que eles deixam de dizer quanto pelo que eles dizem, pelo que está ausente e pelo que está presente, os textos que explicitamente se ocupam do estupro por sua vez levantam questionamentos sobre os seus silêncios, seus espaços vazios, sobre o que eles escolheram obscurecer. (SIELKE, 2002, p. 3)[17]

Sem a pretensão de me estender no aprofundamento do estudo das narrativas, ou ainda de fazer uma conceitualização histórica destas, e tendo em mente que traçamos já o percurso relativo aos silêncios das narrativas que me propus a analisar, penso ser interessante para os fins deste trabalho os apontamentos sobre a relação entre narrativa e discurso propostos por Tzvetan Todorov, bem como as três divisões que conduziram seu texto crítico, em ensaio intitulado *As categorias da Narrativa Literária* (1976). Antes de mais nada, o filósofo búlgaro reconhece os caminhos tomados pelo discurso em obras literárias: "existe um narrador que relata a história; há diante dele um leitor que a percebe. Neste nível, não são os acontecimentos relatados que contam, mas a maneira pela qual o narrador faz conhecê-los" (TODOROV, 1976, p. 211). Considerando, como Todorov (1976), que existam dois tipos de narrativas: a narrativa como história e a narrativa como discurso, quando nos propomos a analisar as narrativas de estupro literalmente antes de literariamente (ou, quando nos propomos a analisar

---

17 "Since texts mean just as much by what they leave unsaid as by what they say, by what is absent as by what is present, those texts that explicitly employ rape in turn raise questions about their silences, their absent centers, about what they chose to obscure." (SIELKE, 2002, p. 3, tradução livre)

"sua 'literalidade' e não a [sua] literatura" (TODOROV, 1976, p. 209)), é porque desde logo as encontramos aprisionadas em um discurso, e não em uma história. Embora encontremos motivos nos textos literários para acreditar que as narrativas de estupro *auxiliam* histórias, é precisamente nesta posição de auxílio que reside o problema, em virtude do direcionamento dado a esse auxílio cuja unanimidade em diferentes obras prevê, não uma história, a qual parece ser sempre a mesma, mas um discurso. Assim, ao seguirmos os passos de Todorov (1976) e traçarmos também três caminhos para a análise do discurso contido nas narrativas, podemos não apenas desvincular o discurso da história, como podemos ainda ir além e compreender uma outra história por trás do discurso. Suas três categorias de análise, das quais nos apropriaremos, apresentam-se, então, como:

(1) o tempo da narrativa;
(2) os aspectos da narrativa; e
(3) os modos da narrativa.

Por tempo da narrativa, entendo a dimensão temporal da história que não necessariamente se apresentará de maneira linear, mas cujo contraponto se coloca por meio do discurso que não prevê um acontecimento seguido do outro e sim o único acontecimento narrado em um tempo também ele único. Por aspectos da narrativa, tem-se o desencadear de acontecimentos sendo narrados e, portanto, aqui me interessa a análise dos mecanismos colocados em jogo no momento da fala do narrador ou da narradora. Por fim, os modos da narrativa dão conta da dimensão exterior ao texto, isto é, o entrecruzamento entre narradores e leitores, entre seus discursos narrativos e a percepção deles.

Por ora, e à luz dessas concepções, o que pretendo nesta parte é delinear dois tipos de narrativas de estupro: a narrativa de estupro enquanto verdade histórica e as narrativas de estupro enquanto verdades literárias; isto é, uma narrativa como história e uma narrativa como discurso. Para tanto, em um primeiro momento, abordarei discussões que percorrem o jurídico, o sociológico, o histórico e o filosófico para propor uma revisita à conceitualização do estupro. Daí em diante, em um segundo momento, explorarei de que forma tais discussões são capazes de se unirem ao texto ficcional de modo a procurar modificar a interpretação que damos à leitura de um acontecimento como o estupro dentro de obras literárias e, por consequência, transformar a interpretação que damos ao crime de estupro em qualquer âmbito na contemporaneidade.

CAPÍTULO 4
A NARRATIVA DE ESTUPRO ENQUANTO VERDADE HISTÓRICA

Por intermédio da discussão proposta n'*A ordem do discurso*, texto apresentado como aula inaugural no Collège de France em 1970, é possível visualizar alguns primeiros apontamentos sobre o conceito de verdade na teoria foucaultiana – da qual nos serviremos para dar início às nossas reflexões e como justificativa para a escolha da palavra *verdade* no título de cada seção –, bem como um desdobramento desta verdade enquanto desejo, ou vontade. Pergunta o historiador: "(...) se o discurso verdadeiro não é mais (...) aquele que responde ao desejo ou aquele que exerce o poder, na vontade de verdade, na vontade de dizer esse discurso verdadeiro, o que está em jogo, senão o desejo e o poder?" (FOUCAULT, 2014, p. 19). Isto é, se o discurso verdadeiro passou a ter um estatuto de neutralidade, no sentido de não corresponder ao desejo de algo ou ao poder sobre algo, não estaria a neutralidade carregada sobretudo de tais elementos que, em um primeiro momento, se oporiam a ela e, por essa razão mesma, seria ainda mais traiçoeira? A própria noção de verdade remonta àquilo que pode ser verificado, que faz parte do real, que é o correto, o exato, mas, para que isso ocorra, é preciso que os pontos de referência desta verdade sejam eles também corretos e exatos e, uma vez sendo eles corretos e exatos, fazem-se necessários mais pontos de referência que se constituam enquanto verdades da mesma forma e, assim, sucessivamente, para que se possa alcançar uma verdade, e uma só. No entanto, a reflexão de Foucault (2014 [1970]) vai ao encontro das produções discursivas as quais são prenhes do que ele chamou de vontades de verdade, ou seja, elas são repletas de desejos e poderes que as subjazem, embora ainda se constituam como verdades absolutas. O que significa dizer também, em outras palavras, que a verdade, como a entendemos, não existe ou, "que a verdade não existe fora do poder ou sem poder (não é – não obstante um mito, de que seria necessário esclarecer a história e as funções – a recompensa dos espíritos livres, o filho das longas solidões, o privilégio daqueles que souberam se libertar)" (FOUCAULT, 2003 [1978], p. 12). O que existe, assim como já havia afirmado de outra forma Nietzsche (2007), seria uma verdade enquanto metáfora "(...) somente uma ilusão que se tornou familiar por meio do uso frequente e que já não é mais sentida como ilusão: metáfora esquecida, isto é, uma metáfora da qual se esqueceu que é uma metáfora" (NIETZSCHE, 2007, p. 82), tornando-se, assim, absoluta em sua verdade inventada.

A partir desses primeiros apontamentos, é possível compreender então o que seriam regimes de verdade para Foucault. Se a verdade se constitui enquanto tal em uma relação direta entre desejo e poder, o regime de verdade vem a ser os modos pelos quais, de maneira fortuita, determinado discurso constituiu-se enquanto verdadeiro dentro de uma sociedade. Nas palavras do filósofo:

> Cada sociedade tem seu regime de verdade, sua "política geral" de verdade: isto é, os tipos de discurso que ela acolhe e faz funcionar como verdadeiros; os mecanismos e as instâncias que permitem distinguir os enunciados verdadeiros dos falsos, a maneira como se sanciona uns e outros; as técnicas e os procedimentos que são valorizados para a obtenção da verdade; o estatuto daqueles que têm o encargo de dizer o que funciona como verdadeiro. (FOUCAULT, 2003 [1978], p. 12)

Em vistas desta conceitualização, e partindo para o cerne de minha análise que se situa nas narrativas de estupro, impõe-se a questão: se cada sociedade possui o seu próprio regime de verdade, qual é, pois, o regime de verdade concernente ao estupro na sociedade brasileira contemporânea? Comecemos juridicamente.

Até o ano de 2005, esteve em vigor no Código Penal brasileiro uma previsão que extinguia a punibilidade do crime de estupro "pelo casamento do agente com a ofendida, nos crimes contra os costumes, definidos nos Capítulos I, II e III do Título VI da Parte Especial" (Brasil, Decreto-Lei n. 2.848, 1940), os quais veremos com mais detalhamento nas linhas abaixo. Importante destacar, neste primeiro momento, e tomando por base a proximidade temporal da alteração efetivada pelo Código Penal, que o que se vê a partir dessa previsão é que, até muito recentemente, a doutrina jurídica ainda estava debatendo se era possível para o marido ser ou não o sujeito ativo do crime de estupro contra sua própria esposa. As justificativas para isso devem-se, seguindo a trilha das palavras do professor Edgard Magalhães Noronha, publicadas em sua obra *Direito Penal I*, referência das instituições de ensino do Direito, ao fato de o marido não poder ser acusado por tal crime, "uma vez que o Código Civil traz como uma das consequências do casamento o dever dos cônjuges de manter relações sexuais, assim na hipótese de recusa poderá o marido forçá-la ao ato sexual sem responder pelo crime de estupro" (NORONHA, 2009, p. 70). Uma tal linha interpretativa só passou a figurar sob uma nova ótica a partir da concepção da Constituição de 1988, também chamada de Constituição Cidadã, em que se viu pela primeira vez formulada e sistematizada a igualdade entre homens e mulheres em matéria de direitos e obrigações. Assim, perante a Lei n. 11.106, de 28 de março de 2005, os incisos que extinguiam a punibilidade do marido foram revogados e, tanto no casamento quanto nos casos de união estável, o marido que forçar a esposa a manter relações sexuais contra a sua vontade, deverá responder nos termos da lei pelo crime de estupro.

Todavia, as alterações continuaram. O Código Penal brasileiro, até a sua reforma prevista pela Lei n. 12.015 de 7 de agosto de 2009, trazia sob o Título VI da Parte Especial os "Crimes contra os costumes", e localizava o crime de estupro em seu Capítulo I denominado "Dos crimes contra a liberdade sexual". Ali, vinha ele definido no art. 213 com a seguinte redação:

> Art. 213. Constranger mulher à conjunção carnal, mediante violência ou grave ameaça:
> Pena – reclusão, de três a oito anos.
> Parágrafo único. Se a ofendida é menor de catorze anos:
> Pena – reclusão, de seis a dez anos (Brasil, Decreto-Lei n. 2.848, 1940)

Em relação ao crime de "Atentado violento ao pudor", vemos ainda:

> Art. 215. Ter conjunção carnal com mulher honesta, mediante fraude:
> Pena – reclusão, de um a três anos.
> Parágrafo único. Se o crime é praticado contra mulher virgem, menor de 18 (dezoito) e maior de 14 (catorze) anos:
> Pena – reclusão, de dois a seis anos. (Brasil, Decreto-Lei n. 2.848, 1940)

Seguido da redação do crime de "Atentado ao pudor mediante fraude":

> Art. 216. Induzir mulher honesta, mediante fraude, a praticar ou permitir que com ela se pratique ato libidinoso diverso da conjunção carnal:
> Pena – reclusão, de um a dois anos. (Brasil, Decreto-Lei n. 2.848, 1940)

Após a reforma penal, a redação do mesmo título VI da Parte Especial passou por significativas modificações, a começar pelo título que não mais fala em *costumes* mas em *dignidade sexual*, colocado portanto como "Dos crimes contra a dignidade sexual", seguido de seu Capítulo I, o qual manteve-se o mesmo, como mencionado acima, "Dos crimes contra a liberdade sexual". Em relação aos artigos ora descritos, os vemos agora com as seguintes modificações:

> Art. 213. Constranger alguém, mediante violência ou grave ameaça, a ter conjunção carnal ou a praticar ou permitir que com ele se pratique outro ato libidinoso:
> Pena - reclusão, de 6 (seis) a 10 (dez) anos.
> § 1º Se da conduta resulta lesão corporal de natureza grave ou se a vítima é menor de 18 (dezoito) ou maior de 14 (catorze) anos:
> Pena - reclusão, de 8 (oito) a 12 (doze) anos.
> § 2º Se da conduta resulta morte:
> Pena - reclusão, de 12 (doze) a 30 (trinta) anos. (Brasil, Lei n. 12.015, 2009)

Outra interessante mudança advinda da reforma é a supressão do crime de "Atentado violento ao pudor" e a sua consequente substituição pelo crime de "Violação sexual mediante fraude", sob o qual está localizada a redação do art. 215:

> Art. 215. Ter conjunção carnal ou praticar outro ato libidinoso com alguém, mediante fraude ou outro meio que impeça ou dificulte a livre manifestação de vontade da vítima:
> Pena: reclusão, de 2 (dois) a 6 (seis) anos.
> Parágrafo único. Se o crime é cometido com o fim de obter vantagem econômica, aplica-se também multa. (Brasil, Lei n. 12.015, 2009)

Seguido pela alteração do crime de "Atentado ao pudor mediante fraude" para o atual "Assédio sexual" que fora antes incluído pela Lei n. 10.224/2001, em que se lê:

> Art. 216. Constranger alguém com o intuito de obter vantagem ou favorecimento sexual, prevalecendo-se o agente da sua condição de superior hierárquico ou ascendência inerentes ao exercício de emprego, cargo ou função.
> Pena – detenção, de 1 (um) a 2 (dois) anos. (Brasil, Lei n. 10.224, 2001)

Ainda, na segunda metade do ano de 2018, o Código Penal passou a reconhecer como crimes os atos de importunação sexual e a divulgação de cenas de sexo e nudez, devido à recorrência de casos de assédio às mulheres nas ruas e no transporte público, bem como da frequente exposição de mulheres por meio da disseminação de imagens e vídeos, liderada por homens, para causar humilhação e, em alguns casos, funcionar como forma de vingança direcionada às parceiras. Segundo essa nova alteração, constante no Capítulo I, lemos sobre o crime de "Importunação sexual":

> Art. 215-A. Praticar contra alguém e sem a sua anuência ato libidinoso com o objetivo de satisfazer a própria lascívia ou a de terceiro.
> Pena - reclusão, de 1 (um) a 5 (cinco) anos, se o ato não constitui crime mais grave. (Brasil, Lei n. 13.718, 2018)

O Código Penal, para tratar do crime de divulgação das imagens e vídeos, estabelece que "O Título VI da Parte Especial (...) passa a vigorar acrescido do seguinte Capítulo I-A: Da exposição da intimidade sexual", com o subtítulo "Registro não autorizado da intimidade sexual", em que lemos:

> Art. 216-B. Produzir, fotografar, filmar ou registrar, por qualquer meio, conteúdo com cena de nudez ou ato sexual ou libidinoso de caráter íntimo e privado sem autorização dos participantes.
> Pena – detenção, de 6 (seis) meses a 1 (um) ano, e multa.
> Parágrafo único. Na mesma pena incorre quem realiza montagem em fotografia, vídeo, áudio ou qualquer outro registro com o fim de incluir pessoa em cena de nudez ou ato sexual ou libidinoso de caráter íntimo. (Brasil, Lei n. 13.772, 2018)

Alguns apontamentos devem ser feitos, portanto, em relação a essas alterações, uma vez que dizem respeito à boa parte do imaginário social concernente ao papel das mulheres na sociedade e à disposição dos crimes que podem ser cometidos contra elas. É preciso dizer, em um primeiro momento, que ao se optar por *dignidade sexual*, em oposição aos *costumes*, fica evidente o caráter moralizador que tal lei previa ante os crimes sexuais, uma vez que se entendia o delito sexual não apenas como um dano à pessoa, mas como um dano a toda a sociedade e, por consequência, à moral sexual da época. Contudo, segundo os professores Renato Marcão e Plínio Gentil, em livro de sua autoria intitulado *Crimes contra a dignidade sexual: comentários ao Título VI do Código* Penal (2011), o entendimento de que haveria uma espécie de "modernização" da lei no sentido de reconhecer uma determinada liberalização dos costumes – algo colocado em questão por outros comentaristas da lei e que já é por si só questionável –, não se aplicaria. Para eles, "(...) aquelas condutas listadas como crimes contra a dignidade sexual inequivocamente configuram agressão aos costumes socialmente vigentes, tanto antes como agora" (GENTIL; MARCÃO, 2011, p. 35), e prosseguem:

> O termo *costume*, querendo significar *uso, hábito*, deriva do latim *consuetudo*. A palavra latina tem o exato sentido de *costume, hábito*, o que conduz ao sentido corrente na linguagem jurídica de *uso considerado como lei*. Daí decorre que os costumes que a lei penal, segundo a antiga nomenclatura, visa proteger são os hábitos tidos por legalmente válidos, donde se concluir que ilícita é a sua violação. (GENTIL; MARCÃO, 2011, p. 35)

O que os professores parecem defender com tais afirmações é que os costumes estão relacionados à determinada ordem social cuja tutela se dá a partir do Código Penal e que, mesmo nele estando alterada a nomenclatura, as leis ainda cuidam de proteger os costumes, no sentido amplo daquilo que seria permitido por lei, embora agora, com a reforma penal, também se suponha a dignidade enquanto parte fundamental desse sistema de costumes, visto que ela está sendo "conceituada como valor, antes que como princípio, um valor que precede os demais e que decorre da simples essência humana de todo ser. É característica inerente ao homem" (GENTIL; MARCÃO, 2011, p. 31). Nesse sentido, eles concluem:

> Assim é que a opção pela expressão *dignidade sexual* mais parece fruto da incorporação de um termo constitucional, acoplado a um adjetivo indicador da natureza dos delitos objeto do título. Há séria dificuldade em harmonizar o substantivo (*dignidade*) ao adjetivo (*sexual*), donde ser viável suspeitar de uma vontade legislativa de simplesmente inovar e de sofisticar uma categoria, sem contudo lhe modificar coisa alguma de sua natureza. (GENTIL, MARCÃO, 2011, p. 36)

Há que se concordar que, de fato, nenhuma modificação na natureza do delito é passível de ser notada uma vez que *os costumes* sempre foram traiçoeiros para com as mulheres. Podemos começar citando a antiga redação do art. 215 que traz em seu texto os termos "mulher honesta", extremamente problemático porque está diretamente associado aos termos "mulher honrada" ou "mulher virtuosa", todos eles frutos de uma concepção secular sobre o papel social da mulher[18], em contraponto ao papel social do homem. A pesquisadora Leila Mezan Algranti, em seu livro *Honradas e devotas: mulheres da colônia* (1993), alerta para o fato de que a noção de honra – e aqui incluímos também a noção de honestidade, sobre a qual estamos tratando –, por mais que tenha adquirido diferentes significados a depender do tempo, do local e da cultura em que está inserida, sempre teve seu sentido relativizado

---

18 E já que estamos falando de concepção secular do papel social da mulher, lembremo-nos, por exemplo, de alguns versículos bíblicos exemplares nesse sentido: "Feliz o homem que tem uma boa mulher, pois, se duplicará o número de seus anos. A mulher forte faz a alegria de seu marido, e derramará paz nos anos de sua vida. É um bom quinhão uma mulher bondosa; no quinhão daqueles que temem a Deus, ela será dada a um homem pelas suas boas ações. Rico ou pobre, o seu marido tem o coração satisfeito, e seu rosto reflete alegria em todo o tempo. É um dom de Deus uma mulher sensata e silenciosa, e nada se compara a uma mulher bem-educada. A mulher santa e honesta é uma graça inestimável; não há peso para pesar o valor de uma alma casta. Assim como o sol que se levanta nas alturas de Deus, assim é a beleza de uma mulher honrada, ornamento de sua casa." (Eclo, 26, 1- 12)

conforme os representantes de ambos os sexos. "A virtude masculina foi geralmente considerada um atributo cívico e, a honra, um valor moral. O cidadão virtuoso jamais teria sido um homem casto, mas, sim, um homem forte, como significa o próprio termo *virtus* (força)" (ALGRANTI, 1993, p. 111). Em contrapartida, "no caso da mulher (...) o que se nota é a apropriação de um valor cívico - a virtude - pela moral. A mulher virtuosa foi durante séculos a pura, a casta, ou a fiel ao marido, e portanto honrada" (ALGRANTI, 1991, p. 112).

A fim de complementar a discussão sobre as diferenças semânticas da noção de virtude em relação aos homens e às mulheres, cito ainda a pesquisadora Sandrine Berges e seu livro *A Feminist Perspective on Virtue Ethics* (2015), no qual é enfática ao declarar: "não há nada intrinsecamente exclusivo dos homens em relação a uma ética ancestral da virtude; é meramente um (talvez infeliz) acidente da história que nós tenhamos herdado a maior parte de nosso pensamento ético-virtuoso de Aristóteles" (BERGES, 2015, p. 3)[19]. Tal afirmação deve-se a duas razões que se complementam. A primeira delas é que Aristóteles, ao tratar da virtude e conceituá-la, assume uma ética social, um movimento que se dá do espírito para com as cidades apenas, e de nada serve para as mulheres que viviam presas ao lar e às obrigações domésticas, "(...) não porque o lar era o ambiente natural das mulheres, mas porque era onde elas estavam confinadas" (BERGES, 2015, p. 4)[20]. A segunda tem a ver com a capacidade das mulheres de tomarem decisões, aproximando suas reflexões das mesmas que faz sobre os escravos e sobre as crianças, como é possível ver na seguinte passagem: "E todos possuem as várias partes da alma, porém possuem-nas de maneiras distintas: uma vez que o escravo não possui a parte deliberativa em definitivo, e a mulher a possui, mas sem completa autoridade, enquanto que a criança a possui, mas de forma ainda não desenvolvida" (ARISTÓTELES, 1932, p. 63). Se a virtude, como pensada por Aristóteles, é um estado convencional dirigido à decisão, fica evidente o motivo que separa a mulher virtuosa do homem virtuoso: à mulher virtuosa apenas cabe driblar as circunstâncias; ao homem virtuoso, cabe criá-las.

---

19 "(...) there is nothing intrinsically exclusively male about ancient virtue ethics; it is merely a (perhaps unfortunate) accident of history that we inherited most of our virtue-ethical thought from Aristotle." (BERGES, 2015, p. 3, tradução livre).

20 "(...) *not* because the home is the natural environment of women, but because it is where they were long confined." (BERGES, 2015, p. 4, tradução livre).

Embora a redação e a abrangência da lei n. 12.015/2009 tenha mudado, no sentido de acabar com a exclusividade dos papéis dos sujeitos diante do crime de estupro, visto que o texto anterior localizava o homem no polo ativo e a mulher no passivo, passando agora a tratar os sujeitos envolvidos pela presença do pronome *alguém*, as estatísticas[21] referentes à violência contra a mulher no Brasil, em especial as que concernem ao estupro, provam que alguns *costumes* permanecem intactos. Segundo o Fórum Brasileiro de Segurança Pública (BRASIL, Anuário Brasileiro de Segurança Pública, 2015), em 2014 o Brasil tinha um caso de estupro notificado a cada 11 minutos. De acordo com um relatório apresentado pelo Instituto de Pesquisa Econômica Aplicada (Ipea), verificou-se, a partir da evolução dos registros administrativos coletados no período de 2011-2014, "que 73,0% dos perpetradores eram pessoas conhecidas, com destaque para pais ou padrastos (15,7%) e cônjuges ou namorados (10,5%)" (CERQUEIRA et al, 2017, p. 29), além de ter sido constatado que "as principais vítimas foram crianças e adolescentes (69,9%), sendo que 10,2% das vítimas possuíam alguma deficiência física e/ou mental, em uma dupla vulnerabilidade" (CERQUEIRA et al, 2017, p. 29). O relatório trouxe ainda "uma última estatística estarrecedora", referente ao "aumento da proporção de casos de estupros coletivos, que atingiu 15,8% do total de casos em 2014" (CERQUEIRA et al, 2017, p. 29). Em 2016, a Universidade Federal do Ceará, em parceria com o Instituto Maria da Penha, produziu a *Pesquisa de Condições Socioeconômicas e Violência Doméstica e Familiar contra a Mulher* (PCSVDF*Mulher*), onde constatou-se que "aproximadamente, 3 em cada 10 mulheres (27,04%) nordestinas sofreram pelo menos um episódio de violência doméstica ao longo da vida" (CARVALHO; OLIVEIRA, 2016, p. 17). Também se verificou que, em um período de doze meses (2015-2016), 2,4% das mulheres entre 15 e 49 anos das capitais do Nordeste sofreram agressões sexuais em contexto de violência doméstica. Segundo essa pesquisa ainda, "a 'sensação de (in)segurança' das mulheres é presente e significante na

---

[21] Este foi um trabalho que teve seu início e fim no período de 2017-2019, portanto, e tendo como base o Anuário Brasileiro de Segurança Pública, "é difícil saber, por ora, os impactos provocados pela pandemia de covid-19 na vida de milhares de pessoas expostas à violência sexual". BOHNENBERGER, M.; BUENO, S. Os registros de violência sexual durante a pandemia de covid-19. In: Anuário Brasileiro de Segurança Pública 2021. Ano 15, 2021. p. 110-117. Disponível em: https://forumseguranca.org.br/wp-content/uploads/2021/07/7-os-registros-de-violencia-sexual-durante-a-pandemia-de-covid-19.pdf.

região Nordeste. Essa sensação de medo, tanto de ser vítima de agressão física quanto sexual, impacta negativamente na qualidade de vida dessas mulheres" (CARVALHO; OLIVEIRA, 2016, p. 17). O relatório do Ipea, além de trazer os dados apresentados pela PCSVDF*Mulher*, também estima que "caso a prevalência relativa nacional fosse igual à verificada nas localidade estudadas [no Nordeste], mais de 1,350 milhão de mulheres seriam vítimas de violência sexual no país a cada ano" (CERQUEIRA et al, 2017, p. 8). Porém, tais informações, segundo o Ipea, representam apenas 10% dos casos reportados à polícia.

Este último dado interessa-nos particularmente, visto que a subnotificação em casos de estupro não se dá pela irrelevância do crime, mas pela debilidade da vítima perante uma sociedade que se recusa a reconhecê-la enquanto sujeito, e faz com que a ideia de violência em relação ao estupro desapareça em conjunto com a sobrevinda de várias crenças populares ou mitos masculinos que governam a sexualidade feminina, ou até mesmo a própria noção moderna de sexualidade, tais como "toda mulher quer ser estuprada" ou "nenhuma mulher é estuprada contra a sua vontade", ou ainda "ela estava pedindo". É por essa razão que o foco deste trabalho se dá a partir da violência sexual sofrida pelas mulheres, perpetrada pelos homens. Não é de meu desconhecimento que homens também sofram estupros ou que mulheres também possam estuprar.[22] No entanto, em um país em que, como colocado anteriormente, uma mulher é estuprada a cada 11 minutos e em que um homem, quando estuprado na prisão, vira "mulherzinha", considera-se o ângulo do sofrimento feminino como mais imperativo e urgente. Assim, antes de adentrarmos a discussão dos mitos, é preciso levantar algumas outras questões relativas à legislação concernente ao estupro.

Uma vez tratados os *costumes*, passo agora à reflexão sobre a *dignidade sexual* e o que estes termos subjazem. O crime à *dignidade sexual* reúne uma preocupação com o princípio constitucional da dignidade da pessoa humana. Segundo o texto da Constituição da República Federativa do Brasil, sob o Título I denominado "Dos princípios fundamentais", lemos:

---

[22] Sobre essa questão, ver: SJOBERG, Laura. **Women as Wartime Rapists:** beyond sensation and stereotyping. New York: NYU Press, 2016.

Art. 1. A República Federativa do Brasil, formada pela união indissolúvel dos Estados e Municípios e do Distrito Federal, constitui-se em Estado Democrático de Direito e tem como fundamentos:
I - a soberania;
II - a cidadania;
III - a dignidade da pessoa humana;
IV - os valores sociais do trabalho e da livre iniciativa;
V - o pluralismo político.
Parágrafo único. Todo poder emana do povo, que o exerce por meio de representantes eleitos ou diretamente, nos termos desta Constituição. (Brasil, Título I, 1988)

O problema que se coloca agora, a partir do texto constitucional, não é mais de ordem jurídica e, sim, filosófica. Quem é a pessoa humana, afinal? Atrevo-me a dizer, juntamente com as reflexões da pesquisadora australiana Val Plumwood,[23] em livro intitulado *Feminism and the Mastery of Nature* (1993), que foi precisamente pela negação da figura feminina que se forjou uma definição de humano. O conceito de humano "foi construído a partir de uma estrutura de exclusão, negação e depreciação da esfera feminina, da esfera natural e da esfera associada à subsistência" (PLUMWOOD, 1993, p. 22)[24]. Assim,

> (...) as características tradicionalmente associadas com um masculinismo dominante são também usadas para definir o que é especificamente humano: por exemplo, a racionalidade (e determinadas características e habilidades); transcendência, intervenção, dominação e controle da natureza, em oposição à imersão passiva nela; mão de obra produtiva, sociabilidade e cultura. (PLUMWOOD, 1993, p. 25)[25]

Em seu livro, Plumwood (1993) propõe o conceito de *master model* a partir da percepção de que o ocidente fez com que alguns dualismos parecessem naturais, reduzidos à visão deste modelo principal, ou deste modelo regulador, argumentando:

---

23 Ver também: SCHMIDT, Rita T. Para além do dualismo natureza/cultura: ficções do corpo feminino. In: **Descentramentos/Convergências**: ensaios de crítica feminista. Porto Alegre: Editora da UFRGS, 2017. p. 391-424.

24 "The concept of human itself (...) has been constructed in the framework of exclusion, denial and denigration of the feminine sphere, the natural sphere and the sphere associated with subsistence." (PLUMWOOD, 1993, p. 22, tradução livre).

25 "(...) characteristics traditionally associated with dominant masculinism are also those used to define what is distinctively human: for example, rationality (and selected mental characteristics and skills); transcendence and invention in and domination and control of nature, as opposed to passive immersion in it (...); productive labour, sociability and culture." (PLUMWOOD, 1993, p. 25, tradução livre).

O dualismo pode também ser visto como uma forma alienada de diferenciação, na qual o poder interpreta e constrói a diferença em termos de um domínio alheio e inferior. Em eventuais tiranias, os seres podem ser selecionados para a opressão de formas arbitrárias e aleatórias. Porém, nas formas de poder sistematizadas, o poder é normalmente institucionalizado e naturalizado ao agarrar-se em formas existentes de diferença. Os dualismos não são apenas sistemas de ideias com flutuação livre; eles estão extremamente associados à dominação e à acumulação, e são as suas maiores expressões e justificativas culturais. (PLUMWOOD, 1993, p. 42)[10]

Para melhor entendermos tais dualismos, trago para dentro do trabalho uma tabela proposta pela própria Plumwood (1993) em que a estrutura dualística do pensamento ocidental se coloca altamente visível, e deveras indiscutível:

cultura / *culture*	natureza / *nature*
razão / *reason*	natureza / *nature*
macho / *male*	fêmea / *female*
mente / *mind*	corpo / *body*
senhor / *master*	escravo / *slave*
razão / *reason*	matéria (fisicalidade) / *matter (physicality)*
racionalidade / *rationality*	animalidade (natureza) / *animality (nature)*
razão / *reason*	emoção / *emotion*
mente, espírito / *mind, spirit*	natureza / *nature*
liberdade / *freedom*	necessidade (natureza) / *necessity (nature)*
universal	*particular*
humano / *human*	natureza (não-humano) / *nature (non-human)*
civilizado / *civilised*	primitivo / *primitive*
produção / *production*	reprodução / *reproduction*
público / *public*	privado / *private*
sujeito / *subject*	objeto / *object*
eu / *self*	outro / *other*

O que se percebe a partir da tabela proposta por Plumwood (1993) é a cristalização de todas as características que incidem sobre as vidas das mulheres e de seus comportamentos de forma enigmática[26], porém ritualizada, definindo-as, balizando-as e subjugando-as a de-

---

26 Quer dizer, enigmática no sentido de não ter justificativa para além da vontade dos homens, embora o enigma parcialmente se desvende por meio das palavras *regime patriarcal*: "É que no regime patriarcal o homem tornou-se o senhor da mulher e as mesmas qualidades que atemorizam nos animais ou nos elementos

terminadas esferas do social, transformando-as em vítimas de sua própria feminilidade[27]. Nesse sentido, embora cada conceito situado na tabela reflita de diferentes formas sobre a discussão concernente ao estupro, centralizaremos nosso argumento na questão do corpo feminino em oposição à mente masculina, por entendermos que é ele o centralizador e agregador de todos os outros. Para tanto, aproximarei os apontamentos feitos pela filósofa australiana Elizabeth Grosz, em artigo intitulado *Corpos reconfigurados* (2000 [1994]), das reflexões propostas por Plumwood (1993), a fim de melhor compreendermos este dualismo em específico e, desse modo, visualizarmos o conceito de humano enquanto característico dos homens. Diz a autora sobre a feminilidade e sua corporalidade:

> Tipicamente, a feminilidade é representada (explícita ou implicitamente) de uma de duas maneiras nesse cruzamento de pares de oposição: ou a mente é tornada equivalente ao masculino e o corpo equivalente ao feminino (e, assim, de antemão excluindo as mulheres como sujeitos do conhecimento, ou filósofas) ou a cada sexo é atribuída sua própria forma de corporalidade. No entanto, ao invés de conceder às mulheres uma forma de especificidade corporal autônoma e ativa, no melhor dos casos os corpos das mulheres são julgados em termos de uma "desigualdade natural", como se houvesse um padrão ou medida para o valor dos corpos, independentemente do sexo. Em

---

indomados tornam-se qualidades preciosas para o proprietário que as soube domesticar." (BEAUVOIR, 2016 [1949], p. 216) Falaremos mais sobre essa questão adiante.

27 Para tomar de empréstimo as palavras da escritora Tsitsi Dangarembga, em seu romance intitulado *Nervous Conditions* (1988), sobre Nyasha, a prima da narradora Tambu, que é injustamente chamada pelo pai, Babamukuru, de *whore* (puta) e expulsa de casa, ao que Tambu lamenta: "(...) quão terrivelmente familiar aquela cena havia sido, com Babamukuru condenando Nyasha à prostituição, fazendo dela uma vítima de sua feminilidade (...) A vitimização, eu vi, era universal. Não dependia da pobreza, da falta de educação ou da tradição. Não dependia de nenhuma das coisas que eu achava que dependiam. Os homens levavam isso para todo o lado com eles. Até mesmo os heróis como Babamukuru o fizeram. E era esse o problema. (...) Mas o que eu não gostei foi o modo como todos os conflitos se voltaram a essa questão da feminilidade. Feminilidade em oposição e inferior à masculinidade." ("(...) how dreadfully familiar that scene had been, with Babamukuru condemning Nyasha to whoredom, making her *a victim of her femaleness* (...) The victimisation, I saw, was universal. It didn't depend on poverty, on lack of education or on tradition. It didn't depend on any of the things I had thought it depended on. Men took it everywhere with them. Even heroes like Babamukuru did it. And that was the problem. (...) But what I didn't like was the way all the conflicts came back to this question of femaleness. Femaleness as opposed and inferior to maleness.") (DANGAREMBGA, 2004, p. 116-117, tradução livre)

outras palavras, a especificidade corporal das mulheres é usada para explicar e justificar as posições sociais e as capacidades cognitivas diferentes (leia-se: desiguais) dos dois sexos. (GROSZ, 2000, p. 67-68)

Em seguida, ela passa a discutir a associação, que se instituiu inata, das mulheres à natureza por meio da cultura patriarcal: "Apoiando-se no essencialismo, no naturalismo e no biologismo, o pensamento misógino confina as mulheres às exigências biológicas da reprodução (...)" (GROSZ, 2000, p. 68) e, assim, "A codificação da feminilidade como corporalidade, de fato, deixa os homens livres para habitar o que eles (falsamente) acreditam ser uma ordem puramente conceitual (...)" (GROSZ, 2000, p. 68). No entanto, não é difícil traçar caminhos para que se chegue a uma *construção* dessa "ordem puramente conceitual". Sabemos que filósofos, moralistas, sacerdotes, médicos e demais homens de letras ou das ciências sempre tiveram uma atenção especial para com as mulheres, no sentido de ditar em seus escritos ações e posturas que deveriam ser por elas seguidas, ou ainda crenças e dúvidas sobre a *natureza* feminina. É por essa razão que os dualismos apresentados por Plumwood (1993) nos soam bastante familiares e circunscrevem homens e mulheres a desempenharem funções que, em um primeiro momento, podem partir de uma determinada lógica constituinte da *natureza humana,* mas que na realidade foi por aqueles considerados plenamente humanos imposta. Vemos isso, por exemplo, em Agamben (2008) quando ao tratar justamente da noção de *dignidade*, após traçar as origens do termo e seu histórico semântico, afirma: "(...) *dignitas* desde o início indica também o aspecto físico adequado a uma condição elevada e é, segundo os romanos, o que no homem corresponde à *venustas* feminina (...)" (AGAMBEN, 2008, p. 74), o termo *venustas* indicando "beleza" ou "encanto" (BUSARELLO, 2003, p. 281), mais uma forma de dualidade. Podemos retomar ainda duas citações deste trabalho, mais precisamente desta parte, nas quais a figura da mulher também aparece como abstração ao tratar de questões que em um primeiro momento, e talvez também em um segundo e em um terceiro, dizem respeito apenas aos homens. A citação de Benveniste (1988), de que "é na linguagem e pela linguagem que o homem se constitui como *sujeito* [grifos do autor]" e a citação dos professores do Direito e membros do Ministério Público do Estado de São Paulo, Renato Marcão e Plínio Gentil (2011), quando ao tratarem justamente da alteração da nomenclatura da lei para *dignidade sexual*, afirmam que a dignidade é "característica inerente ao homem" (GENTIL; MARCÃO, 2011, p. 31). Mais do que uma convenção, o uso da palavra *homem* no lugar de humano ou pessoas já assume uma profunda significância ao percebermos que o objeto do crime de estupro é o próprio corpo da vítima que, segundo a tabela acima proposta por Plumwood (1993), faz oposição à mente, esta situando-se ao lado do masculino, do civilizado, do sujeito de si, ao passo que o corpo se situa ao lado do feminino, do primitivo, do objeto de outrem.

Em 1975, foi publicado pela editora Simon and Schuster o primeiro livro cujas reflexões tangenciavam o crime de estupro por meio de suas conotações políticas, e não mais como mero delito sexual violento cometido por homens-monstros. Susan Brownmiller, autora de *Against Our Will: men, women and rape* (1975), fez parte, ao lado de outras teóricas e militantes feministas, da segunda onda de um movimento[28] que, de maneira inaugural, trouxe à tona a problemática do estupro revestida de suas relações de poder, a saber, um processo de intimidação rotineiro por parte dos homens o qual mantém todas as mulheres em estado de medo. A autora afirma, logo na introdução de seu estudo, que

> (...) se o primeiro estupro foi uma batalha inesperada fundada na primeira recusa feminina, o segundo estupro foi indubitavelmente planejado. Com efeito, uma das primeiras formas de ligação masculina deve ter sido o estupro coletivo de uma mulher por um bando de homens saqueadores. Concluído isso, o estupro tornou-se não apenas uma prerrogativa masculina, mas a arma de força básica do homem contra a mulher, o principal agente da vontade dele e do medo dela. A entrada forçada dele no corpo dela, apesar dos seus protestos físicos e luta, passou a ser o veículo de sua conquista vitoriosa sobre o ser dela, o teste final da sua força superior, o triunfo da sua masculinidade. (BROWMILLER, 1975, p. 14)[29]

---

[28] Segundo Carme Alemany (2009), "As feministas americanas foram as primeiras que, desde o início dos anos 70, denunciaram a violência sexual. Destacando que o estupro particularmente supõe o não consentimento da vítima, elas desenvolveram análises teóricas distinguindo-se dos estudos criminológicos que, com seus preconceitos androcêntricos, privilegiam as teorias vitimológicas (ou interacionistas), que fazem da relação entre a vítima e o autor um elemento explicativo fundamental." (ALEMANY, 2009, p. 272)

[29] "(...) if the first rape was an unexpected battle founded on the first woman's refusal, the second rape was indubitably planned. Indeed, one of the earliest forms of male bonding must have been gang rape of one woman by a band of marauding men. This accomplished, rape became not only a male prerogative, but man's basic weapon of force against woman, the principal agent of his will and her fear. His forcible entry into her body, despite her physical protestations and struggle, became the vehicle of his victorious conquest over her being, the ultimate test of his superior strength, the triumph of his manhood." (BROWNMILLER, 1975, p. 14, tradução livre)

Embora Brownmiller (1975) tenha reorientado a percepção que se tinha sobre o estupro na época e tenha alcançado uma notoriedade revolucionária dentro dos estudos feministas, tendo seu livro sido considerado, em 1995, como uma das mais importantes publicações do século XX pela The New York Public Library, alguns de seus argumentos mostraram-se posteriormente falhos. O que ela faz, em seu estudo, é criar uma hierarquia da violação, na qual as mulheres serão sempre as vítimas no topo. A pesquisadora desconsidera, por exemplo, que homens possam ser estuprados na prisão, uma vez que só poderia haver penetração oral ou anal, e desse modo, ela posiciona o estupro em presídios ao lado da relação sexual entre dois homens, caracterizando ambas como sodomia. Ela refuta ainda a possibilidade de uma mulher estuprar um homem, considerando o fato uma "impossibilidade biológica" e simplesmente ignora que uma mulher possa estuprar outra mulher. Ela ainda parte de uma perspectiva problemática, para dizer o mínimo, ao lidar com o mito do homem negro estuprador, mito este que dominou a opinião pública como forma de justificativa para o linchamento da comunidade negra estadunidense e o qual, consequentemente, teve seu domínio efetivado também pelas palavras da autora[30]. Contudo, a dificuldade maior em aceitar os apontamentos de Brownmiller se dá quando a sua noção de estupro é igualada a outros tipos de violência quaisquer. O que se vê, como colocado por Rebecca Whisnant, em seu artigo *Feminist Perspectives on Rape* (2013), é que os estudos filosóficos feministas subsequentes sobre agressão sexual têm procurado ir contra a concepção de que isso é menos um crime de sexo do que de violência. Da mesma forma, as pesquisadoras Ann Cahill (2001) e Catharine MacKinnon[31] (1987) argumentam que conceber a agressão sexual como mero ato de dominação ou violência a equivale a outros atos de violência, ignorando a especificidade da natu-

---

30 Sobre esta questão, ver: DAVIS, Angela. O legado da escravidão: parâmetros para uma nova condição da mulher. *In:* DAVIS, Angela. **Mulheres, raça e classe**. trad. Heci Regina Candiani. São Paulo: Boitempo, 2016. p. 15-41. DAVIS, Angela. Estupro, racismo e o mito do estuprador negro. *In:* DAVIS, Angela. **Mulheres, raça e classe**. trad. Heci Regina Candiani. São Paulo: Boitempo, 2016. p. 177-203.

31 Ainda segundo Carme Alemany (2009), "No campo jurídico, Catherine MacKinnon (1979), nos Estados Unidos, foi a primeira a introduzir o conceito de assédio sexual na doutrina legal e a apresentá-lo como uma forma de discriminação sexual. Nos Estados Unidos, esse processo conduz ao seu reconhecimento pelos tribunais como discriminação ilegal fundada no sexo e à consideração desse fenômeno na legislação e na regulamentação administrativa." (ALEMANY, 2009, p. 26)

reza sexual do estupro. Para ficar mais claro, cito as palavras de Cahill (2001): "(...) poucas mulheres concordariam que ser estuprada é essencialmente equivalente a levar um soco na cara" (CAHILL, 2001, p. 3)[32]. A autora do livro *Rape: A history from 1860 to the present* (2007), Joanna Bourke, critica Brownmiller neste mesmo sentido, alertando:

> (...) muitas feministas dos anos de 1970 e 1980 radicalmente insistiram que o estupro era sobre 'poder, não sexo' (...) Ruth Seifert, por exemplo, corajosamente afirmou que os estudos sobre o estupro 'por unanimidade chegaram à conclusão de que o estupro não é um ato sexual mas um ato agressivo. A promotora de justiça que investiga o estupro, Alice Vachss, acusou as pessoas que 'pensam que o estupro é sobre sexo' ao confundirem 'a arma com a motivação'. Ao concentrarem-se no estupro enquanto um crime de poder, estas feministas explicitamente rejeitaram os argumentos individualistas e psicopatológicos que reforçam estereótipos sobre a mulher. Em um momento em que a polícia rotineiramente perguntava às vítimas de estupro se elas haviam experienciado um orgasmo durante o ataque, a afirmação de que o estupro não tinha nada que ver com sexo mas com interessados sistemas de opressão era tanto psicologicamente astuta quanto politicamente prudente. (BOURKE, 2007, p. 13)[33]

Desse modo, associar o estupro a um ato de violência como outro qualquer, possui duas consequências as quais corroboram de maneira significativa para que os homens não parem de estuprar. Em primeiro lugar, insiste-se na ideia, trazida à tona pelas figuras de *serial killers* e psicopatas, de que o estupro se dá apenas em situações de extrema crueldade, frieza e completa ausência de humanidade por parte do indivíduo que estupra, fazendo com que ele se torne a exceção, não a

---

[32] "(...) few women would agree that being raped is essentially equivalent to being hit in the face." (CAHILL, 2001, p. 3, tradução livre)

[33] (...) many feminists of the 1970s and 1980s radically insisted that rape was about 'power not sex'. (...) Ruth Seifert, for instance, boldly asserted that rape studies 'unanimously came to the conclusion that rape is not a sexual act but an aggressive act. Rape prosecutor Alice Vachss accused people who 'think rape is about sex' with confusing 'the weapon with the motivation'. By focusing on rape as a crime of power, these feminists explicitly rejected the individualistic, psychopathological arguments that reinforced stereotypes of women. At a period when police routinely asked rape victims if they had experienced orgasm during assault, the assertion that rape had nothing to do with sex but concerned systems of oppression was both psychologically astute and politically prudent. (BOURKE, 2007, p. 13, tradução livre)

regra[34], quando, na realidade, sabemos (e pudemos vislumbrar isso por meio das estatísticas trazidas nas linhas anteriores) que os casos mais comuns de estupro são perpetrados por homens conhecidos da vítima, pessoas de seu convívio, pais, namorados, irmãos, tios, primos, etc[35]. Em segundo lugar, tal associação eliminaria, como já acontece, a percepção de que homens há séculos assumem, explicam, descrevem, repetem, conceituam, historicizam e/ou desenvolvem, aquilo que as mulheres estão pensando e sentindo. Boa parte dos trabalhos médicos e jurídicos dos séculos XIX e XX, por exemplo, alegam que as mulheres precisam ser tomadas de maneira agressiva para que se sintam excitadas, com argumentos de base evolutiva e psicanalítica. Sigmund Freud, em seu livro *Sobre a psicopatologia da vida cotidiana*, publicado em 1914, já havia comentado sobre a dificuldade que as mulheres teriam ao utilizar sua força muscular total para impedir atos de agressão sexual, uma vez que *inconscientemente* elas estariam dispostas a participar daquilo que lhes é imposto. Nas palavras de Freud, "(...) o ataque do homem não pode ser repelido por toda a força muscular dela [da mulher], porque parte das moções inconscientes da mulher respondem ao ataque favorecendo-o" (FREUD, 1996, p. 184) e não sendo o suficiente, continua: "Costuma-se dizer, como sabemos, que uma situação desse tipo *paralisa* [grifos do autor] a força da mulher; é preciso apenas acrescentar as razões dessa paralisia" (FREUD, 1996, p. 184). Talvez as razões estejam exatamente no fato de que não existem razões, para além de que o homem não deveria estuprar uma mulher, mas na visão masculina é sempre preferível pensar em um inconsciente que diz sim do que em uma mulher real dizendo não. Ainda, citando novamente o filósofo italiano Giorgio Agamben, ao tratar da vergonha em sua obra *O que resta de Auschwitz: o arquivo e a testemunha* (2008), lemos: "De fato, não há nada de vergonhoso em um ser humano que sofre, contra sua vontade, uma violência sexual; se ele, porém, sente prazer por sofrer violência, se ele se apaixona por sua passividade (...) só então se pode falar de vergonha" (AGAMBEN, 2008, p. 115).

Como é possível observar por meio das reflexões propostas acima, a máxima perpetuada pelos homens de que o *não* é, na realidade, um *sim* possui respaldo (masculino) científico, embasado em depoimentos

---

34 Ver MEAGHER, Tom. The Danger of the Monster Myth. *In:* **White Ribbon Ireland**. Disponível em: <https://whiteribbonblog.com/2014/04/17/the-danger-of-the-monster-myth/>. Acesso em: 3 mar. de 2018.

35 Como pudemos ver ilustrado nos textos literários os quais me propus a analisar.

provenientes dos próprios acusados que alegam terem sido incumbidos do que aconteceu pelas nefastas intenções sexuais das mulheres as quais, aparentemente, vivem em uma eterna ambivalência entre querer ou não querer pelo simples fato de não conseguirem se decidir. Ao fazermos o recorte de classe, então, e tratarmos das mulheres pobres, e sobretudo as negras, o pensamento que sobressai é de que estas estão já acostumadas com esse tipo de tratamento e portanto não ligariam ou iriam querer sempre mais.[36]

Todas essas questões colocam-nos agora defronte aos principais mitos que regulam e normalizam o delito de estupro cometido por homens contra as mulheres. Esta pequena introdução, a qual seguirá pelas próximas linhas, nos encaminhará, no entanto, a cada um desses mitos em particular e, antes de me ater às suas especificidades, gostaria de retomar o conceito de mito proposto por Roland Barthes em sua coletânea de ensaios intitulada *Mitologias* (2009 [1957]), cuja Introdução já indica a relevância do problema para Barthes, a qual se relaciona diretamente às preocupações desta pesquisa:

> O ponto de partida desta reflexão era, o mais das vezes, um sentimento de impaciência frente ao "natural" com que a imprensa, a arte, o senso comum mascaram continuamente uma realidade que, pelo fato de ser aquela em que vivemos, não deixa de ser por isso perfeitamente histórica: resumindo, sofria por ver a todo momento confundidas, nos relatos da nossa atualidade, Natureza e História, e queria recuperar, na exposição decorativa do-que-é- óbvio, o abuso ideológico que, na minha opinião, nele se dissimula. (BARTHES, 2009, p. 11)

A partir disso, Barthes trata o mito como "uma fala despolitizada", a saber: "política no seu sentido profundo, como conjunto das relações humanas na sua estrutura real, social, no seu poder de construção do mundo", ao passo que o sufixo *des-* "representa aqui um movimento operatório, atualizando incessantemente uma deserção" (BARTHES, 2009, p. 235). Desse modo, "o mito não nega as coisas; a sua função é, pelo contrário, falar delas; simplesmente, purificá-las, inocentá-las,

---

[36] Quem melhor evidencia e historiciza tal pensamento sobre as relações entre homens e mulheres dentro do território brasileiro é Richard G. Parker, em seu livro *Corpos, prazeres e paixões: A cultura sexual no Brasil contemporâneo* (1991), onde lemos: "(...) devido à estrutura dual do sistema patriarcal e o evidente apetite dos colonizadores por mulheres não europeias, os interesses sexual e afetivo do patriarca se dirigiam mais vezes para longe desse núcleo legal [a "casa grande"] e para a periferia, isto é, para um conjunto de relações poligâmicas com muitas de suas escravas." (PARKER, 1991, p. 60)

fundamentá-las em natureza e em eternidade, dá-lhes uma clareza, não de explicação, mas de constatação" (BARTHES, 2009, p. 235). Mais importante que isso,

> o mito faz uma economia: abole a complexidade dos atos humanos, confere-lhes a simplicidade das essências, suprime toda e qualquer dialética, qualquer elevação para lá do visível imediato, organiza um mundo sem contradições, porque sem profundeza, um mundo plano que se ostenta em sua evidência, e cria uma afortunada clareza: as coisas, sozinhas, parecem significar por elas próprias. (BARTHES, 2009, p. 235)

Não obstante, Simone de Beauvoir (2016 [1949]) já havia também tratado do mito em seus próprios termos: "É sempre difícil descrever um mito; ele não se deixa apanhar nem cercar, habita as consciências sem nunca se postar diante delas como um objeto imóvel. É por vezes tão fluido, tão contraditório que não se lhe percebe, de início, a unidade (...)" (BEAUVOIR, 2016, p. 203). Já a professora e pesquisadora Joanna Bourke (2007), a partir da conceitualização barthiana, delineia os mitos concernentes ao estupro em específico e traça o seu próprio conceito:

> As pessoas que têm a intenção de tornar o seu abuso conhecido pelas autoridades são cercadas por todos os lados pelo que os ativistas antiestupro estigmatizaram como sendo 'os mitos do estupro'. (...) Os mitos do estupro tomam várias formas, mas as mais comuns são 'é impossível estuprar uma mulher que resiste', 'os homens correm o risco de serem falsamente acusados de estupro' e 'algumas categorias de sexo forçado não são realmente estupro' [além do 'não pode significar sim', incluído no capítulo seguinte]. (...) Estes mitos são fundamentais para o significado da sexualidade moderna. (...) O termo não conota simplesmente uma 'não- verdade'. Antes, o uso da palavra 'mito' é uma forma abreviada de referir-se a uma estrutura de significado a qual permeia uma cultura em particular. Como um grupo de crenças ou imagens que são imaginativamente ou visceralmente apreendidas, os mitos permitem que as pessoas criem um mundo de hierarquia e distinção. Eles criam comunidades unificadas ao esclarecerem posições e ao transformarem premissas do senso comum em verdades objetivas. Assim, os mitos 'agarram-se à mente'; eles parecem banais, inquestionáveis. Ao invés de serem expressos como longas e coerentes narrativas, os mitos sobrevivem enquanto fragmentos - com frequência contraditórios e sempre entregues no formato de frases de efeito. (BOURKE, 2007, p. 23-24)[37]

---

[37] "People who wish to make their abuse known to the authorities are besieged on all sides by what anti-rape campaigners have branded 'rape myths'. (...) Rape myths take numerous forms, but the most common ones are 'it is impossible to rape a resisting woman', 'men risk being falsely accused of rape' and 'some categories

Ela, então, passa a discutir os mitos que já havia mencionado neste trecho, com o acréscimo de mais dois, todos eles referentes ao estupro nas sociedades inglesa, norte-americana e australiana, por se tratar do foco de sua pesquisa, e os quais incorporo também à sociedade brasileira, pela facilidade com que podem ser identificados em meio aos discursos que nos circundam. Cito os que pertencem à citação anterior junto aos posteriormente incluídos:

- É impossível estuprar uma mulher que resiste. *(It is impossible to rape a resisting woman.)*
- Os homens correm o risco de serem falsamente acusados de estupro. *(Men risk being falsely accused of rape.)*
- Algumas categorias de sexo forçado não são realmente estupro. *(Some categories of forced sex are not really rape.)*
- O não pode significar um sim. *(No can means yes.)*
- Se uma mulher 'se colocou nessa situação', ela mereceu. *(If a woman had 'got herself into this situation', she deserved it.)*

Quem já havia abordado tais mitos de forma semelhante, foi Susan Bronwmiller (1975) que sugere as seguintes afirmações ao tratar de um imaginário social concernente ao estupro:

- Todas as mulheres querem ser estupradas. *(All women want to be raped.)*
- Nenhuma mulher é estuprada contra a sua vontade. *(No woman can be raped against her will.)*
- Ela estava pedindo. *(She was asking for it.)*
- Se você for estuprada, é melhor que relaxe e aproveite. *(If you're going to be raped, you might as well relax and enjoy it.)*

---

of forced sex are not really rape' [also 'no can mean yes, included in the following chapter]. (…) These myths are pivotal to the meaning of modern sexuality. (…) The term does not simply connote 'untruth'. Rather, the use of the word 'myth' is a shorthand way of referring to a structure of meaning permeating a particular culture. As a group of beliefs or images that are imaginatively or viscerally apprehended, myths enable people to create a world of hierarchy and distinction. They create unified communities by clarifying positions and transforming commonplace assumptions into objective truths. As such, myths 'grip the mind'; they seem commonplace, unquestioned. Instead of being expressed as long, coherent narratives, myths survive as fragments - often contradictory and always delivered in sound-bite formats." (BOURKE, 2007, p. 23-24, tradução livre)

01.

Dado que as narrativas de estupro presentes na literatura estão circunscritas em meio a esses mitos, é fundamental que entendamos suas razões ou as vontades de verdade que os regem. A primeira afirmação de Bourke (2007), que diz ser *"impossível estuprar uma mulher que resiste"* ao lado da afirmação de Brownmiller (1975) de que *"nenhuma mulher é estuprada contra a sua vontade"*, partem de um mesmo princípio: se uma mulher não quiser mesmo ser estuprada, não há homem que consiga estuprá-la. O que existe aqui é um entendimento de que a mulher conseguiria escapar de uma possível situação de estupro se ela, de fato, não consentisse com a relação sexual que se impõe. Partindo dessa visão, "supõe-se que o indivíduo, mesmo sob tortura, é dono de si; responde 'livremente'. A mulher, no estupro, também é supostamente livre" (VIGARELLO, 1998, p. 45) e, nesse sentido, "é preciso haver apelos sempre audíveis: se ficar provado que houve apenas os primeiros esforços, não é caso de estupro (...) Qualquer silêncio compromete a prova, até excluir a própria ideia de estupro" (VIGARELLO, 1998, p. 44-45). Metáforas tais como "não dá para passar um fio em uma agulha em movimento" ou "é impossível enfiar uma espada em uma bainha vibratória" ou ainda "mulheres com a saia para cima correm mais rápido do que homens com as calças para baixo" apenas comprovam o argumento, embora os registros de ter havido ao menos 164 estupros por dia no Brasil só no ano de 2017, fora os estupros coletivos, possam contradizer essa fala.[38] A subnotificação de casos de estupro (visto que, como afirmamos anteriormente, no Brasil estima-se que apenas 10% destes casos são reportados à polícia), também pode ser explicada ao compreendermos que há na sociedade um regime de verdade que faz com que as mulheres se sintam culpadas, antes de se sentirem vítimas, pois não conseguiram escapar. A explicação de Browmiller (1975) para este mito é de que ele "não se destina a encorajar as mulheres a batalhar contra os seus agressores - ao contrário, ele maliciosamente implica que não existe tal coisa como estupro forçado, e que é da vontade da mulher ser violentada" (BROWNMILLER,

---

[38] AMÂNCIO, Thiago. Brasil registra 606 casos de violência doméstica e 164 estupros por dia. *In*: **Folha de São Paulo**. Disponível em: <https://www1.folha.uol.com.br/cotidiano/2018/08/brasil-registra-606-casos-de-violencia-domestica-e--164-estupros-por-dia.shtml>. Acesso em: 11 ago. de 2018.

1975, p. 312)³⁹. Joanna Bourke (2007) historiciza o pensamento médico-jurídico do final do século XIX, em que, por exemplo, os autores de um compêndio intitulado *Medical Jurisprudence, Forensic Medicine, and Toxicology* escreveram uma seção chamada *Can a Woman be Violated Against Her Will?*, sobre a qual a autora comenta:

> A questão tem sido 'debatida com mais ou menos severidade desde a minoridade da jurisprudência médica', observaram estes notáveis autores, mas a 'maioria dos escritores' concordaram que 'uma mulher completamente madura, em plena posse de suas faculdades, não pode ser estuprada contra o seu desejo por um só homem'. Visto que uma 'leve pressão naquelas partes da forma feminina' era 'muitas vezes o suficiente para determinar uma equi mos [sic]', eles aconselharam advogados que se 'apenas ligeiros traços de luta forem encontrados nas coxas e nos seios', isso deve ser considerado como uma evidência de que aquela mulher *falhou* ao usar 'toda a sua força em sua defesa'. De fato, uma 'certa classe de mulher', continuaram eles, era conhecida por rotineiramente 'fazer um espetáculo de demonstração de resistência antes de ceder'. Para estes autores, até mesmo lesões mais sérias nos genitais de uma mulher poderiam ser explicadas à vontade: equitação, vulvite ou gangrena poderiam causar lesões semelhantes à agressão sexual. (BOURKE, 2007, p. 25)⁴⁰

Vemos, aqui, outro ponto central da discussão sobre o estupro, que se alia à subnotificação e ao descrédito dado às mulheres quando decidem recorrer aos meios legais: a falta de evidências. Por vezes, o crime de estupro "pode ocorrer sem testemunhas, a queixa ser imprecisa, as 'provas', precárias, como o exame das partes genitais, ou a procura de eventuais vestígios." (VIGARELLO, 1998, p. 44), e mesmo que o "conselho aos advogados" parta de uma visão de mais de um século

---

39 "[it] is not intended to encourage women to do battle against an aggressor – rather, it slyly implies that there is no such thing as forcible rape, and that it is the *will* of women to be ravished." (BROWMILLER, 1975, p. 312, tradução livre)

40 "The question had been 'debated with more or less acerbity since the infancy of medical jurisprudence', these distinguished authors observed, but the 'majority of writers' agreed that 'a fully matured woman, in full possession of her faculties, cannot be raped, contrary to her desire, by a single man'. Because 'light pressure in those parts of the female form' was 'often sufficient to determine an ecchy moss [sic]', they advised lawyers that if 'only slight traces of a struggle are found on the thighs and breasts', this should be taken as evidence that the woman had failed to use 'all her strength in her defence'. Indeed, a 'certain class of woman', they continued, were known to routinely 'make a point of a show of resistance before yielding'. For these authors even more serious injuries to a woman's genitals could be explained away: horse-riding, vulvitis or gangrene could cause injuries resembling sexual assault." (BOURKE, 2007, p. 25, tradução livre)

atrás, ela ainda se faz vigente nos dias de hoje. Fora os casos em que a mulher estuprada decide realizar a queixa muito tempo depois do delito e, então, é preciso que haja lugares especializados que a acolham e entendam suas razões para a demora, que podem ser muitas e as mais variadas, visto que o crime de estupro atinge diretamente o psicológico da vítima, ocasionando um trauma.

02.

Em relação ao segundo mito, proposto por Bourke (2007), "Os homens correm o risco de serem falsamente acusados de estupro", é preciso, antes de mais nada, fazer menção a uma passagem bíblica sobre a mulher de Potifar. Potifar, "oficial do faraó e capitão da guarda", comprou José, filho de Jacó, para ser seu escravo. De acordo com o relato bíblico, depois de certo tempo cuidando dos bens de seu senhor, José passa a ser convidado pela mulher de Potifar para deitar-se com ela, ao que ele veementemente nega, até que:

> Um dia ele entrou na casa para fazer suas tarefas, e nenhum dos empregados ali se encontrava. Ela o agarrou pelo manto e voltou a convidá-lo: "Vamos, deite-se comigo!" Mas ele fugiu da casa, deixando o manto na mão dela. Quando ela viu que, ao fugir, ele tinha deixado o manto em sua mão, chamou os empregados e lhes disse: "Vejam, este hebreu nos foi trazido para nos insultar! Ele entrou aqui e tentou abusar de mim, mas eu gritei. Quando me ouviu gritar por socorro, largou seu manto ao meu lado e fugiu da casa. (Gen, 39, 11-15)

Há, aqui, uma contradição. Por um lado, as mulheres têm vergonha de admitir que foram estupradas; por outro, parece ser uma prática comum acusar falsamente os homens de as estuprarem, ao que ignorariam qualquer sentimento de vergonha ou de falta de virtuosidade advindos desta mentira por elas inventada. Nas palavras de Bourke (2007), isso se explica porque

> Infelizmente, muitas pessoas ainda acreditam que as mulheres tendem a mentir sobre terem sido estupradas. Essa crença equivocada (...) influencia a forma como o sistema jurídico processa os casos de estupro e prejudica as percepções das vítimas desde o momento em que relatam terem sido estupradas até o momento em que prestam depoimento no tribunal. (BOURKE, 2007, p. 391)[41]

---

[41] Unfortunately, many people still believe that women are prone to lie about being raped. This mistaken belief (...) influences the way the legal system processes rape cases and prejudices perceptions of victims from the moment they report being raped to the time they give evidence in court. (BOURKE, 2007, p. 391, tradução livre)

Para ilustrar as afirmações da autora, cito o livro-reportagem de T. Christian Miller & Ken Armstrong, intitulado *A False Report: A True Story of Rape in America* (2015), em que os autores investigam a história de Marie que, em 2008, foi até a polícia prestar queixa de um homem mascarado que havia entrado em seu apartamento em Washington e a estuprado. Em um dado momento, tanto a polícia quanto as pessoas próximas a Marie passaram a desconfiar de seu relato e, diante do fato de não mais ser considerada vítima e, sim, suspeita, ela decide voltar atrás e dizer que tinha mentido para chamar a atenção. Um par de anos mais tarde, duas detetives, responsáveis por casos separados, juntam-se ao perceberem um padrão de ação dos crimes por elas investigados. Um desses casos era o de Marie. O que as detetives encontraram, então, foi um estuprador em série.

O que sustenta o exemplo acima é a percepção de que "o estupro é uma acusação facilmente feita pelo acusador ao mesmo tempo em que é difícil para qualquer réu refutá-la" (BOURKE, 2007, p. 391)[42], quando, na realidade, "o estigma associado a qualquer pessoa que alegue ter sido estuprada é significativo e, no (improvável) caso de julgamento, a vítima enfrenta uma provação que é frequentemente descrita como próxima a um 'segundo ataque'" (BOURKE, 2007, p. 394)[43], levando a situações ultrajantes, como especificado abaixo pela autora:

> No mínimo, os julgamentos de estupro se assemelham a "cerimônias de degradação" para a vítima, onde ela é "denunciada e seus motivos são questionados" diante de muitas testemunhas. Ao contrário de outros julgamentos criminais, a vítima de estupro torna-se o foco de atenção. Sua vida é colocada sob intenso escrutínio. Os jurados se mostram excepcionalmente relutantes em considerar um homem culpado por estupro, a menos que haja circunstâncias agravantes. (BOURKE, 2007, p. 394)[44]

Esta "cerimônia de degradação" é o que faz boa parte das vítimas voltarem atrás em seus depoimentos, não havendo outra saída. Não

---

42 "(…) rape is a charge easily made by the accuser and yet difficult for any defendant to disprove." (BOURKE, 2007, p. 391, tradução livre)

43 "(…) the stigma attached to any person claiming to have been raped is significant and in the (unlikely) event of trial, the victim faces an ordeal that is often described as approaching a 'second assault.'" (BOURKE, 2007, p. 394, tradução livre)

44 "At the very least, rape trials resemble 'degradation cerimonies' for the victim, in which she is 'denounced and her motives questioned' in front of many witnesses. Unlike other criminal trials, the rape victim becomes the focus of attention. Her life is placed under intense scrutiny. Jurors prove exceptionally reluctant to find a man guilty of rape unless there are aggravating circumstances." (BOURKE, 2007, p. 394, tradução livre)

obstante, Vigarello (1998) aponta outra questão que repercute na maneira como o depoimento das vítimas de estupro são recebidos e sobre a qual já tratamos há pouco:

> Uma certeza tradicional vem confirmar essa análise da aparência dos gestos realizados: a suposta ausência, na mulher, de um comportamento responsável, uma dúvida sobre suas decisões pessoais e privadas. Devemos dizer que a história do estupro se encontra aqui com a história das representações da consciência, e também com a das representações da feminilidade. Outro conjunto de razões leva, assim, a mascarar a violência sexual: as diversas maneiras de recusar à mulher um status de sujeito. (VIGARELLO, 1998, p. 43)

03.

Dito isso, passemos para o terceiro mito proposto por Bourke (2007), "Algumas categorias de sexo forçado não são realmente estupro". Aqui, a afirmação se justifica por prevalecer a ideia de que um estupro só poderia ocorrer se o estuprador for uma pessoa completamente estranha à vítima, que tenha se utilizado de força para cometer o crime, deixando marcas visíveis em seu corpo. "No discurso de estupro, o pênis tipicamente se torna uma arma, mas (a lógica continua), já que armas deixam feridas, se não houver ferida, também não há estupro" (BOURKE, 2007, p. 41)[45]. Lembremo-nos da empresa de preservativos, já mencionada na Contraintrodução deste trabalho, que lançou uma nota justificando a infeliz decisão de levar a público uma peça publicitária que incitava a violência contra a mulher, quando na verdade as pessoas por trás da campanha queriam apenas fazer alusão a uma "brincadeira de casais" e retratar uma "insistência inofensiva do parceiro". Qual o limite entre insistência inofensiva à ofensiva, nesses termos? Insistir já pode ser considerado estupro, uma vez que falta o consentimento da vítima. Mas este mito funciona no sentido de proteger justamente quem mais comete o crime de estupro, como podemos ler nas palavras de Bourke (2007):

> (...) o mito de que sexo não-consensual nem sempre é "tão ruim" foi facilmente estendido para eximir homens que sexualmente violaram suas namoradas. Noções comuns sobre as necessidades sexuais masculinas e a sedução feminina, juntamente com problemas associados com o amontoado de evidências ("ela disse" versus "ele disse"), tornou quase impos-

---

45 "In rape discourse the penis most typically became a weapon, but (the logic goes) since weapons leave wounds, if there is no wound, there is also no rape". (BOURKE, 2007, p. 41, tradução livre)

sível para uma mulher processar com sucesso seu namorado ou ficante por estupro. (BOURKE, 2007, p. 43)[46]

04.

E daqui, podemos chegar até outro mito, muito próximo a este, que é o de que "se uma mulher 'se colocou nessa situação', ela mereceu" ou ainda, nas palavras de Brownmiller (1975), "ela estava pedindo". Este mito, em um primeiro momento, sugere o que Vigarello (1998) chama de "tese de provocação feminina", em que o agressor não se vê enquanto aquele que comete a agressão e, sim, como vítima de um determinado comportamento feminino. Existe aqui um desaparecimento da ideia de violência e a presença de uma atitude de sedução por parte da vítima. Sobre isso, Brownmiller (1975) afirma: "A insegurança das mulheres é tanta que muitas das vítimas de estupro, possivelmente a maioria, agonizam mais tarde pelo esforço de descobrir o quê de seu comportamento, de seu jeito, de seu vestido, desencadeou este ato horrível contra elas" (BROWNMILLER, 1975, p. 312-313)[47]. Isso porque, no crime de estupro, "tudo concorre para focalizar o olhar na luxúria, mais do que na violência" (VIGARELLO, 1998, p. 37). Qualquer aviltamento da moralidade estabelecida recairá sobre a vítima como razão de ser do crime cometido contra ela: consumir bebidas alcoólicas, drogas, lugares em que não deveria estar, ruas por onde não deveria transitar, roupas que não deveria vestir. Logo, seja qual for o pretexto, ele servirá como forma de suavizar a violência ou até mesmo invisibilizá-la.

05.

Por fim, em relação à assertiva de que "o não pode significar um sim", temos duas situações. De um lado, sabe-se que "a intimidade sexual entre duas ou mais pessoas é baseada na palavra 'sim', mas o 'não' soa erótico para muitas pessoas, em particular para os homens" (BOURKE, 2007,

---

46 "(...) the myth that non-consensual sex might not always be 'so bad' was easily stretched further to exonerate men who sexually violated their girlfriends. Commonly held notions about male sexual needs and female seductiveness, together with problems associated with the amassing of evidence ('she said' versus 'he said'), made it almost impossible for a woman to successfully prosecute her boyfriend or date for rape." (BOURKE, 2007, p. 43, tradução livre)

47 "The insecurity of women runs so deep that many, possibly most, rape victims agonize afterward in an effort to uncover what it was in their behavior, their manner, their dress that triggered this awful act against them." (BROWNMILLER, 1975, p. 312-313, tradução livre)

p. 52)⁴⁸. Nesse sentido, não é difícil percebermos o papel da pornografia como forma de corroborar com tal imaginário: "cenas pornográficas em que uma mulher tem que ser subjugada antes de começar a sentir-se sexualmente excitada são intensamente estimulantes para muitos jovens", diz-nos a professora Joanna Bourke (2007, p. 53)⁴⁹, mas para a escritora e pensadora Andrea Dworkin, o caminho parece se dar ao contrário:

> Frequentemente, perguntam às feministas se a pornografia é a causa do estupro. O fato é que o estupro e a prostituição causaram e continuam causando a pornografia. Politicamente, culturalmente, socialmente, sexualmente e economicamente, o estupro e a prostituição geraram pornografia; e a pornografia depende, para que a sua existência continue, do estupro e da prostituição das mulheres. (DWORKIN, 1981, n.p.)⁵⁰

Não querendo me estender na discussão da pornografia, a qual poderia ser mais bem explorada em outro trabalho, passo para o segundo apontamento que gostaria de vincular a este último mito, quer seja, a de que "a justificativa que mais frequentemente sai tropeçando da língua do estuprador é 'ela consentiu'. Na privacidade de casa ou em ambientes mais públicos (...) afirmações de que a suposta vítima realmente "queria" ressoam mais alto do que qualquer outro argumento" (BOURKE, 2007, p. 53)⁵¹. Desse modo, é possível afirmar que este último mito é capaz de agregar todos os outros, legando às vítimas o descrédito e aos criminosos, a inocência.

Passemos, agora, a avaliar como esses mitos também acabam por informar a escrita ficcional.

---

48 "sexual intimacy between two or more people is predicated on the word 'yes', yet 'no' sounds erotic to many people, particularly men". (BOURKE, 2007, p. 52, tradução livre)

49 "pornographic scenes in which a woman has to be subdued before becoming sexually excited are intensely arousing for many young men" (BOURKE, 2007, p. 53, tradução livre)

50 "Feminists are often asked whether pornography causes rape. The fact is that rape and prostitution caused and continue to cause pornography. Politically, culturally, socially, sexually, and economically, rape and prostitution generated pornography; and pornography depends for its continued existence on the rape and prostitution of women." (DWORKIN, 1981, n.p., tradução livre)

51 "(...) the justification most frequently tripping off the rapist's tongue is 'she consented'. In the privacy of the home or in more public settings (...) assertions that the alleged victim actually 'wanted it' resound louder than any other plea" (BOURKE, 2007, p. 53, tradução livre)

CAPÍTULO 5
AS NARRATIVAS DE ESTUPRO ENQUANTO VERDADES LITERÁRIAS

Fiz questão de separar em singular e plural os dois tipos de narrativas de estupro sobre os quais trato nesta parte do trabalho por entender que a narrativa de estupro enquanto verdade histórica é, de fato, uma só (traduzida em diversos mitos, como vimos acima), ao passo que as narrativas de estupro enquanto verdades literárias podem apresentar diferentes formas de uma mesma singularidade imposta pela verdade consagrada historicamente. Assim, entendo a literatura como um campo privilegiado para a apreensão e compreensão dos modos como uma mesma verdade histórica toma forma, uma vez que a criação ficcional permite não apenas o delinear de variadas produções de sentido, como também a tessitura de variadas escritas para um sentido que, embora único, por vezes é engendrado em meio a textos ficcionais de forma a conter nele outros sentidos distantes da unanimidade que a retórica do estupro pressupõe[52]. Ao referir-me à unanimidade da retórica do estupro, não quero com isso suscitar um entendimento de que a representação do estupro na literatura tenha que vir demarcada necessariamente por traços de um realismo obsoleto que a impediria de ser constituída enquanto metáfora, alegoria ou metonímia, julgando existirem boas ou más representações, ou representações certas e erradas. A retórica do estupro pressupõe uma unanimidade à medida que somos constantemente levados a crer que ela não existe, e, portanto, que não deveríamos nos atentar a ela. Encontra-se aí a união de todos os mitos em uma só verdade. A retórica do estupro pressupõe uma unanimidade ainda quando passamos ao largo de narrativas sem as desafiar, fazendo supor que um acontecimento tal como o estupro se insere em um mesmo patamar de escritura que qualquer outro acontecimento que se quer representado ficcionalmente, embora a própria

---

[52] Esta expressão, "retórica do estupro", ou "retórica da violência sexual", empresto de Sabine Sielke (2002), embora tal discussão seja proposta também por Sharon Marcus (1992) ao cunhar a expressão "gendered grammar of violence" (gramática da violência de gênero).

narração do estupro contenha em si um paradoxo: o estupro escapa à representação ao mesmo tempo em que só é possível comunicá-lo através do texto. Isso, por diversas razões, as quais são mais bem explicitadas pela teórica holandesa Mieke Bal, que afirma:

> (...) [o estupro] não pode ser visualizado não apenas porque a cultura "decente" não toleraria tais representações do "ato" mas porque o estupro torna a vítima invisível. Ele faz isso primeiro literalmente - o perpetrador "cobre" ela - e depois figurativamente - o estupro destrói a sua autoimagem, a sua subjetividade, a qual é temporariamente narcotizada, definitivamente alterada e frequentemente destruída. Por fim, o estupro não pode ser visualizado porque a experiência é, tanto física quanto psicologicamente, *interna* [grifo da autora]. O estupro acontece dentro. Nesse sentido, o estupro é por definição imaginado; ele só pode existir como experiência e memória, como *imagem* [grifo da autora] traduzida em signos, nunca "objetificado" de maneira adequada. (BAL *apud* SIELKE, 2002, p. 4)[53]

Dessa forma, como aceitar que representações do estupro percorram a literatura, e mais especificamente a literatura brasileira, que é o foco de nosso trabalho, incontestes, de maneira não-problemática e não-problematizada, fazendo emergir uma visão de que as narrativas e o discurso concernente a elas não passam de mera causalidade literária? Ou ainda, fazendo supor que uma análise dedicada a tais narrativas limitem-se às preocupações de uma "pesquisa engajada", a qual tem por embasamento teórico a crítica feminista e os estudos de gênero, relegando a essas análises um status de irrelevância dentro do campo dos estudos literários, com o argumento de que – e agora ela precisa vir com a letra maiúscula – Literatura é arte, e por se tratar de arte, é preciso que nos comprometamos com os aspectos estéticos da palavra escrita e nada mais? Afirmar que o estupro não pode ser visualizado não significa dizer que ele, de fato, não o é ou que não impomos sobre a sua representação determinadas imagens que por vezes nem a ele condizem. Significa que a sua representação contém pormenores que incidem sobre a sua leitura e, desse modo,

---

[53] (...) [rape] cannot be visualized not only because "decent" culture would not tolerate such representations of the "act" but because rape makes the victim invisible. It does that literally first - the perpetrator "covers" her - and then figuratively - the rape destroys her self-image, her subjectivity, which is temporarily narcotized, definitely changed and often destroyed. Finally, rape cannot be visualized because the experience is, physically, as well as psychologically, *inner* [grifos da autora]. Rape takes place inside. In this sense, rape is by definition imagined; it can exist only as experience and as memory, as *image* [grifos da autora] translated into signs, never adequately "objectifiable." (BAL apud SIELKE, 2002, p. 4, tradução livre)

somos, junto com os autores ou autoras, testemunhas de uma tentativa para solucionar o problema que não tem e nunca terá solução, uma vez que prescinde desses termos, mas terá inevitavelmente efeitos, sejam eles éticos ou estéticos.

Isto posto, traçamos como objetivo para este capítulo tentar responder a uma única questão, a qual parece se impor ao sugerirmos um olhar atento às narrativas de estupro dentro da literatura: é possível realizar esse deslocamento do discurso sobre o estupro real para o discurso ficcional sem desservir a nenhum dos lados? Ou seja, é possível fazer análise ficcional partindo de termos que se contrapõem a ela, bem como incitar um debate de base ficcional partindo de uma dor iminentemente real e ininterrupta sentida por tantas fora das páginas dos livros?

Uma primeira aproximação possível entre a literatura e a retórica do estupro apresenta-se por meio da palavra *convencimento*. Parece-nos, não como suposição e, sim, enquanto interpretação dos textos teóricos lidos e supracitados, que tanto os textos literários que trazem em seu bojo narrativas de estupro quanto o que se diz em relação ao crime de estupro, principalmente no âmbito jurídico, perpassa um esforço de convencimento, seja da parte de quem inscreve/escreve o estupro na ficção por meio de um jogo de verossimilhança no qual toda a literatura se alicerça[54]; seja da parte de quem lê o estupro inscrito/escrito na ficção de modo a interpretá-lo como crime e assim vinculá-lo a outros acontecimentos dentro da obra que levem a ele ou são por meio dele levados[55]; seja da parte de vítimas que, decididas a expor e denunciar

---

[54] Tenho em mente, aqui, textos literários que figuram o estupro enquanto crime, e não sexo (outro problema que trataremos mais à frente), como é o caso de Marçal Aquino, em seu romance *Eu receberia as piores notícias dos seus lindos lábios* (2005), onde se lê: "O fato é que, nem bem Lavínia se deitou, ele apareceu no quarto, mais bêbado que de hábito. E mais violento. Possuído. Arrancou as roupas dela, espancou-a quando ela mordeu seu braço, e a teve na marra. Violou-a." (AQUINO, 2005, p. 123) O uso de palavras que remetem à agressão e à violência já é uma forma de convencimento: arrancar, espancar, morder, ter, violar. O próprio isolamento do ato em uma sentença: "Violou-a." confirma a positividade do que havia acontecido com Lavínia. A escolha dos adjetivos também é pertinente (bêbado, violento, possuído) no sentido de fazer o leitor acreditar que um determinado comportamento leva a outro, quase que por ele também determinado. No entanto, nos limitaremos a exemplificar o argumento com o texto de Marçal Aquino sem nos atermos muito a análises, uma vez que não é a este romance que o estudo se dedica.

[55] Sobre esse ponto, penso inevitavelmente no jornalista e escritor Mario Sergio Conti que, ao resenhar o romance *Desonra* (2000) do sul-africano J.M. Coetzee para

os infortúnios por que passaram, veem seus relatos sendo constantemente colocados à prova por juízes e promotores que se julgam mais bem capacitados para avaliar se houve ou não um estupro diante da falta de provas (ou mesmo diante de provas concretas, como veremos abaixo), situação tão comum no caso de crimes sexuais[56]. Mesmo no presente trabalho, tomei a liberdade de produzir tal efeito ao localizar previamente as discussões jurídicas, filosóficas e sociológicas, antes de qualquer discussão literária, por entender que as análises dos romances só foram possíveis por meio da tangibilidade dessas discussões que, em última instância, dizem respeito a nós todos, e que se estruturam de forma a também convencer quem as lê de que o estupro enquanto verdade histórica é uma realidade, não um mero *terrorismo feminista*. Além do mais, ao relacionarmos a literatura com o crime de estupro, vemos um intercruzamento de percepções sobre aquilo que se narra ou se relata: o crime de estupro, em não sendo ficção, torna-se ficcionalizado, ao passo que a narrativa de estupro, no não ser real, acaba por tornar-se realidade. Seja nos livros ou fora deles, o que se está constantemente colocando em questão é a veracidade ou a ficção das histórias contadas, de testemunhos reais a personagens fictícias. A título de exemplo, e distanciando-me por um momento do campo literário, cito a fala da adolescente que sofreu violência sexual cometida por mais de 30 homens no Rio de Janeiro no ano de 2016, em reportagem apresentada no programa Fantástico e que faço referência rapidamente no início deste trabalho:

> O próprio delegado me culpou. Quando eu fui à delegacia eu não me senti à vontade em nenhum momento. Eu acho que é por isso que muitas mu-

---

a orelha de capa da publicação trazida e traduzida pela Companhia das Letras, deixa de lado um de seus maiores *leitmotivs*: o estupro. A contradição de um pai, exonerado da universidade em que trabalhava por ter sido acusado de abusar sexualmente de uma aluna, tendo que enfrentar o estupro coletivo da própria filha depois que decide ir passar um tempo com ela antes de retomar a sua vida não pareceu relevante o suficiente para Conti e, portanto, não se convenceu de que seria preciso trazer essa parte do enredo à tona. Para ele, o livro não passa de "uma brutalidade contra a qual a cultura ocidental é inútil".

56 A pesquisadora Jyotika Virdi, em artigo intitulado *Reverence, Rape - and then Revenge: Popular Hindi Cinema's "Women's Film"* (2006) aborda essa questão ao tratar de "male anxieties of wrongful accustions", baseada na opinião de Sir Mathew Hale "written to the King's Bench in 1671: since rape is a charge so easily made and so difficult for a man to defend against, it must be examined with greater caution than any other crime." (VIRDI, 2006, p. 257)

lheres não fazem denúncias. Tentaram me incriminar, como se eu tivesse culpa por ser estuprada (...) Começando por ele, tinha três homens dentro de uma sala. A sala era de vidro, todo mundo que passava, via. Ele colocou na mesa as fotos e o vídeo. Expôs e falou: 'me conta aí'. Só falou isso. Não me perguntou se eu estava bem, se eu tinha proteção, como eu estava. Só falou: 'me conta aí'. Ele perguntou se eu tinha o costume de fazer isso, se eu gostava de fazer isso [sexo com vários homens]. (O PRÓPRIO... 2016)[57]

Essa incumbência do contar, sugerida nos termos do delegado, sozinha já indica que a história precisa ser inumanamente perfeita (a partir de um conceito de perfeição ditado somente por ele) para que se acredite que o que levou a menina até a delegacia, de fato, pode ser considerado um estupro. Caso contrário (e como há casos contrários), mesmo com as "fotos e o vídeo na mesa", cometer um atentado sexual contra mulheres, perpetrado por um ou trinta homens, parecerá sempre, à primeira vista, e à segunda e à terceira, uma ficção, suscetível aos mais doentes[58] questionamentos.

O fato é que tanto narrativas de estupro ficcionais quanto narrativas de estupro reais operam e são manipuladas ao bel prazer de quem as recebe. Nas palavras de Sorcha Gunne e Zoë B. Thompson, embasadas no pensamento da professora inglesa Tanya Horeck e contidas na introdução à coletânea de ensaios intitulada *Feminism, Literature and Rape Narratives: violence and violation* (2010), "(...) o estupro torna-se um objeto de consumo público, especialmente quando o espectador sugere que não está sendo o suficiente contar a verdade, mas que ela [a mulher] tem a responsabilidade de convencer a audiência/comunidade/nação da veracidade de sua experiência" (GUNNE; THOMPSON, 2010, p. 6)[59]. Assim, temos que os sentidos (falseados ou não) produ-

---

[57] 'O PRÓPRIO delegado me culpou', diz menor que sofreu estupro no Rio. **G1**, Rio de Janeiro, 29 mai. 2016. Disponível em: <http://g1.globo.com/rio-de-janeiro/noticia/2016/05/o-proprio-delegado- me-culpou-diz-menor-que-sofreu-estupro-no-rio.html>. Acesso em: 3 set. de 2018.

[58] Referência ao texto de Maria Júlia Montero, *Eles não estão doentes, e nós não estamos loucas* (2016), em virtude do crime na cidade do Rio de Janeiro: "Que raios de doença é essa que atinge 30 pessoas no mesmo lugar e na mesma hora?" (MONTERO, Maria Júlia. Eles não estão doentes, e nós não estamos loucas. **Blog da Marcha Mundial das Mulheres**, 27 mai. 2016. Disponível em: <*https://marchamulheres.wordpress.com/2016/05/27/eles-nao-estao-doentes-e-nos-nao-estamos-loucas/*>. Acesso em: 15 ago. 2018.)

[59] "(...) rape becomes an object of public consumption, especially when the witness suggests that it is not enough to tell the truth, but that she has the responsibi-

zidos pelo discurso ficcional por vezes são os mesmos sentidos (falseados ou não) produzidos no âmbito do real e só por essa razão já teríamos nosso trabalho justificado.

Todavia, um outro ponto merece ser levantado em relação às narrativas de estupro na literatura, associando-se o real ao ficcional, o qual diz respeito às leituras que fazem as mulheres que sofreram ou sofrem em decorrência da violência sexual cometida contra elas, o que Gunne & Thompson (2010), a partir da constatação de outras teóricas feministas, chamam de "uma segunda violação"[60], em oposição às leituras que os homens são capazes de conceber sobre elas e que chamaremos, daqui para a frente, de leituras voyeurísticas[61]. Para dar início a essa reflexão, gostaria de, em um primeiro momento, citar as palavras da cineasta argentina Lucrecia Martel, em entrevista[62], na qual ela comenta por que se recusa a filmar cenas de estupro, ao ser questionada sobre seu filme Zama, lançado em 2018, e que teria, segundo o site Mubi, "a primeira metade do filme meio sensualizada, embora Zama seja em última instância muito insatisfeita sexualmente"[63]:

> Esse é um ponto importante, porque ele define a estadia de Zama na colônia o tempo todo. No livro, havia uma cena de estupro que eu originalmente coloquei no roteiro. Havia duas cenas sexuais, mas, no final das contas, por razões orçamentárias, tive que retirar, e eu acabei retirando a cena do estupro porque eu não tinha a menor vontade de filmar um estupro. A ideia de não haver nenhuma violência no cinema é, obviamente, louca também, mas neste momento na Argentina a cada 16 a 20 horas

---

lity of convincing the audience/community/nation of the truth of her experience." (GUNNE; THOMPSON, 2010, p. 8, tradução livre)

60 Nas palavras das pesquisadoras: "(...) graphic representation of sexual violence constitutes what some feminists see as *a second violation* [grifo nosso]." (GUNNE; THOMPSON, 2010, p. 2)

61 Caberia, aqui, uma retomada dos pressupostos da estética da recepção e de uma história da leitura e dos leitores. Não o faço agora, por entender que se distanciaria dos propósitos do trabalho, que visa apresentar linhas de pensamento em torno das narrativas de estupro com base nos escritos das teóricas que já versaram sobre o tema.

62 HUGHES, D.; KASMAN, D. The Man With No Hands: Lucrecia Martel and "Zama". *In*: **Notebook Interview**, 18 set. 2017. Disponível em: <https://mubi.com/pt/notebook/posts/the-man- with-no-hands-lucrecia-martel-and-zama>. Acesso em: 28 abr. 2018.

63 "The first half of the film (...) quite sensual, although Zama is ultimately very sexual unfulfilled." (HUGHES, D.; KASMAN, D., 2017, tradução nossa)

uma mulher acaba morta ou estuprada, e eu não tinha a menor vontade de filmar isso. Neste momento, eu não tenho a menor vontade de ver uma mulher morta ou estuprada, ou filmar uma. Eu acho que isso é uma coisa sobre a qual nós que fazemos cinema temos que realmente pensar, porque quando você está filmando uma cena de estupro, filmando uma cena violenta, filmando uma cena racista: às vezes você pode estar contribuindo com algum tipo de satisfação, ainda que o que você esteja mesmo fazendo seja denunciar. É um problema sobre o qual devemos pensar muito. (MARTEL, 2018, n.p.)[64]

A verdade é que, foi por meio das discussões sobre as representações da mulher, bem como do corpo feminino no cinema, que se abriu caminho para pensar também as narrativas de estupro na literatura. Teóricas feministas como a já mencionada Teresa de Lauretis (1984, 1987) e Laura Mulvey (1975) já se confrontavam com tais questões. De Lauretis (1987), por exemplo, afirma que teóricas do cinema "estiveram escrevendo sobre a sexualização da estrela feminina no cinema narrativo e analisando as técnicas cinemáticas (...) e códigos cinemáticos específicos (...) os quais constroem a mulher enquanto imagem, enquanto o objeto do olhar voyeurista do espectador" (DE LAURETIS, 1987, p. 13)[65] antes mesmo de Foucault lançar o primeiro volume do seu *História da Sexualidade*. Já Jyotika Virdi (2006) fala de um "double-speak about the body", isto é, um duplo discurso: aquilo que em um primeiro momento seria prazeroso para a audiência passa, ao mesmo tempo, a ser considerado extremamente condenável. Ou seja, "(...) alguém pode desfrutar do prazer visual, dos números de dança eróticos

---

[64] That's an important point because it defines Zama's stay in that colony for the whole time. In the book, there was a rape scene that I did originally have in the script. There were two sexual scenes, but in the end for budget reasons I had to take one out, and I ended up taking the rape scene out because I had no desire to film a rape. The idea of not having any violence in cinema is, of course, crazy too, but right now in Argentina every 16 to 20 hours a woman ends up dead or raped, and I just had no desire to film that. Right now, I don't have any desire to see a dead or rape woman, or film one. I think that's something that those of us who make cinema really have to think about, because when you're filming a rape scene, filming a violent scene, filming a racist scene: sometimes you might be contributing to some sort of fulfillment, even though what you're really doing is denouncing that. It's a problem that we have to think about a lot. (MARTEL, 2018, n.p., tradução livre)

[65] "(...) [they] had been writing on the sexualization of the female star in narrative cinema and analyzing the cinematic techniques (...) and specific cinematic codes (...) that construct woman as image, as the object of the spectator's voyeurist gaze." (DE LAURETIS, 1987, p. 13, tradução livre)

e espetaculares [do cinema indiano], enquanto exibe uma indignação moral ao condenar a mulher em uníssono com a narrativa na qual ela é inevitavelmente punida" (VIRDI, 2006, p. 259)[66]. A professora acrescenta ainda que "este duplo discurso é evidente não apenas nos filmes, mas ao largo de toda a cultura discursiva envolvendo filmes" (VIRDI, 2006, p. 259)[67].

A essa altura, me permito acrescentar, então: não seria possível constatar este *double-speak* também no que se refere às narrativas de estupro na literatura?, visto que a reflexão que aqui se encaminha vai ao encontro das funções desta narrativa dentro da obra, bem como das estratégias utilizadas por quem a escreve de associá-la a determinadas imagens em detrimento de outras, ou ainda de utilizar a narrativa de estupro como justificativa para certos acontecimentos? Ao fazer esse movimento, cuja proximidade com o discurso (sobre o estupro) real e a narrativa discursiva (do estupro na literatura) torna-se indiscutível, o autor ou a autora deixa a cargo dos leitores não apenas convencerem-se de que houve um estupro como também convencerem-se da não-consensualidade da mulher. Embora pareça tratar-se de uma mesma circunstância, a sua diferença consiste no fato de que por vezes a narrativa se inicia como um estupro, mas seu desenvolvimento repercute não como um não-consentimento e sim como um "desejo inconsciente", aquele de base freudiana, e, desse modo, o *double-speak* está sustentado na mente de quem se depara com tais narrativas. A título de exemplo, cito trechos do romance *Capitães da areia* (2007 [1937]), escrito por Jorge Amado, onde todos os pontos levantados (o convencimento, a dupla violação, o voyeurismo, o consentimento) levam a um inevitável *double-speak*, pois materializam-se no discurso narrativo:

> (...) a agarrou pelo braço e novamente a derrubou na areia. Vinha da casa da avó e ia para sua casa, onde mãe e irmãs a esperavam. Para que tinha vindo de noite, para que se arriscara na areia do cais? Não sabia que a areia das docas é a cama de amor de todos os malandros, de todos os ladrões, de

---

[66] "(...) one can enjoy the visual pleasure, the spectacular and erotic dance numbers [in Hindi cinema], while airing moral indignation by condemning the woman in unison with the narrative in which she is inevitably punished." (VIRDI, 2006, p. 259, tradução livre)

[67] "This doublespeak is evident not only in films but in the entire discursive culture surrounding films." (VIRDI, 2006, p. 259, tradução livre)

todos os marítimos, de todos os Capitães de Areia, de todos os que não podem pagar mulher e têm sede de um corpo na cidade santa da Bahia? (...) Pedro Bala acariciava seus seios e ela, **no fundo de seu terror, começava a sentir um fio de desejo**, como um fio de água que corre entre montanhas e vai engrossando aos poucos até se transformar em caudaloso rio. **E isso fez com que crescesse o seu terror**. Se ela não resistisse contra o desejo e deixasse que ele a possuísse, estaria perdida, iria deixar uma mancha de sangue no areal (...). A certeza da sua fraqueza lhe deu novo alento e novas forças. Baixou a cabeça, mordeu a mão de Pedro que segurava seu seio. Pedro deu um grito, retirou a mão, ela se levantou e correu. Mas ele a pegou e agora seu desejo estava misturado com raiva. (...)

Ele suspendeu as saias pobres de chita, apareceram as duras coxas da negra. Mas estavam uma sobre a outra e Pedro Bala tentou separá-las. A negrinha reagiu de novo, mas **como o menino a estava acariciando e ela sentiu a chegada impetuosa do desejo**, não o xingou mais, senão que disse num pedido angustioso:

— Me deixa, que eu sou virgem. Tu pode ser bom, não me querer. Depois tu encontra outra. Eu sou donzela, tu vai me fazer mal. (...)

Mas ele a acarinhava, uma cócega subiu pelo corpo dela. Começou a compreender que se não o satisfizesse como ele queria, sua virgindade ficaria ali. E quando ele prometeu (novamente **sua língua a excitava no ouvido**) *se doer eu tiro* [grifos do autor]... **ela consentiu**. (AMADO, 2007 [1937], p. 81-84)[68]

Ao todo, são seis páginas de convencimento. Seis páginas em que Jorge Amado insiste na ideia de que o que, à primeira vista, poderia ser considerado um estupro, não passa de uma oportunidade. Por mais que saibamos apontar o estupro de Pedro Bala, por vezes falhamos ao tentar apontar as razões para afirmar que uma narrativa como essa é perniciosa, pois acabamos associando-a a uma criação ficcional despropositada, mais um acontecimento dentro da obra, mais uma forma de caracterização da personagem. Mais um jeito de contar uma história. Contudo, ao tirarmos o foco de Pedro Bala (inclusive o foco do narrador que não-coincidentemente é direcionado apenas a essa personagem, como sendo uma espécie de perspectiva sua), fica em nós, leitores e leitoras do texto proposto por Jorge Amado, apenas o horror. A começar pela narrativa assumir que tanto Pedro Bala quanto a mulher compartilhavam de um mesmo desejo. Que desejo é esse que "no

---

[68] Cito a colega Camila Fernandes da Costa, mestranda do Programa de Pós-Graduação em Estudos da Linguagem da Universidade Federal do Rio Grande do Norte, que está investigando questões correlatas a partir da obra de Jorge Amado, em seu trabalho intitulado: *A violação de personagens femininas em Mia Couto e Jorge Amado: as diferentes projeções de uma realidade de abuso* (2018).

fundo de seu terror" tem espaço para aparecer? Que desejo é esse que é potencializado por meio da raiva? Que desejo é esse que faz com que homens acreditem que mulheres *sentem prazer* ao serem derrubadas no chão por desconhecidos, que não as deixam escapar e que começam a tirar suas roupas e colocar as mãos em seus seios? Que desejo é esse que de tão subjetivo acabou se tornando objeto de subjetivação? Mas não fiquemos apenas com Jorge Amado; já que estamos tratando de desejo, voltemos um pouco, para o século XIX, em que se aflorou uma literatura dita naturalista que se pretendia de um realismo exagerado e, portanto, supostamente repleta de neutralidade. Nas linhas abaixo, cito um trecho do romance *A carne*, escrito por Júlio Ribeiro e publicado no ano de 1888, o qual causou grande controvérsia por trazer em seu enredo temas tais como sadismo, ninfomania, perversão, nudez e, claro, desejo sexual feminino:

> Em um momento, por uma como intuspecção súbita, aprendera mais sobre si própria do que em todos os seus longos estudos de fisiologia. Conhecera que ela, a mulher superior, apesar de sua poderosa mentalidade, com toda a sua ciência, não passava, na espécie, de uma simples fêmea, e que o que sentia era desejo, era a necessidade orgânica do macho. (RIBEIRO, 1999, p. 4)

Impossível não lembrar das palavras de Simone de Beauvoir (2016 [1949]) ao traçar os caminhos pelos quais à mulher é designada à caracterização de fêmea aos olhos do macho: "(...) em um mundo em que a mulher é essencialmente definida como fêmea, é necessário que seja integralmente justificada enquanto fêmea." (BEAUVOIR, 2016, v. 2, p. 197) Nesse sentido, e em um sentido também ora previsto por Beauvoir, a literatura tem papel fundamental: ela contribui de maneira exemplar com tal justificação. O texto de Júlio Ribeiro, por exemplo, o qual fora altamente criticado por apresentar como personagem principal Lenita, uma mulher independente, inteligente e rica, tem como seu fim último subordinar a mulher a uma carência congênita, a qual impregna há muito tanto o imaginário masculino quanto o feminino. Além de que, o desejo narrado pela personagem de Júlio Ribeiro não deixa de ser o mesmo desejo descrito pelo narrador de Jorge Amado, um desejo que se confunde com "a necessidade orgânica do macho" e a complementa. Um desejo que parte do aspecto positivo e neutro do homem enquanto ser humano em direção ao negativo que é a mulher, esse ser sempre em falta ou em excesso, nunca absoluto em sua condição organicamente humana.

Assim, colocar em funcionamento tal discurso narrativo exercita na cabeça dos leitores a "sede de um corpo", imprescindivelmente feminino, e a provocação de um desejo pautado em outro, inexistente. A imagem que se constrói, no caso de Jorge Amado, não é a de um crime praticado por um homem contra uma mulher, mas de um desenlace amoroso, um encontro fortuito, ratificado pelo discurso do narrador que insiste em exibir seu desnudamento: "Pedro Bala acariciava seus seios"; "Ele suspendeu as saias pobres de chita, apareceram as duras coxas da negra." Ou seja, diante da imagem feminina narrada e descrita, o leitor assume a postura de voyeur sem se questionar se estaria ele participando de um crime terrível ou não, pois está sendo conduzido por uma determinada narrativa que coloca o estupro, no melhor dos casos, em segundo plano; no pior, como prescrito, estabelecendo assim o *double-speak* de que falávamos: uma excitação e um contentamento pelo aspecto voyeurístico e exibicionista da narrativa, ao mesmo tempo em que se recrimina um desejo que é transferido unilateralmente para a mulher.[69]

É preciso que se pergunte, então, para quem afinal essas narrativas são escritas? Ou alguém conseguiria imaginar uma mulher que tenha sido estuprada por um homem lendo o discurso de Pedro Bala, bem como toda a negociação engendrada por Jorge Amado no contexto da narrativa de estupro, louvando-a por ser esteticamente impecável? Em termos psicanalíticos, tais narrativas podem suscitar dois efeitos nas leitoras: o primeiro, que já foi abordado no início destes apontamentos, é a conversão da narrativa de estupro em uma segunda violação, mais ou menos como já acontece nos tribunais ou nas delegacias quando as mulheres precisam não apenas se confrontar com a sua própria dor como também com a dor de ter a sua própria dor negada e transformada em desejo e prazer. O segundo efeito, em decorrência do primeiro, é o reconhecer-se em um desejo que não é seu e, em vez de questioná-lo (uma vez que nunca é dada às mulheres a função de questionar), questionarem a si próprias: será que se eu realmente não

---

69 O que não significa dizer que as mulheres não sintam desejos. Como este trabalho não trata de sexo consentido, não me aprofundarei na questão. Por ora, é importante ressaltar que o desejo denunciado neste trabalho não é um desejo legítimo, uma vez que é um desejo simbolicamente construído por meio de relações de poder que dão ao homem o reconhecimento e o usufruto de seus próprios desejos, e à mulher, apenas a anuência.

quisesse isso teria acontecido comigo?, o que é torturante e já foi investigado por Susan Brownmiller (1975) em seu estudo:

> Todo estupro é um exercício de poder, mas alguns estupradores têm uma vantagem que vai além do físico. Eles operam dentro de uma configuração institucionalizada que funciona em sua vantagem e na qual a vítima tem pouca chance de reparar a sua ofensa. O estupro na escravidão e o estupro em tempos de guerra são dois exemplos disso. Porém, estupradores também operam dentro de uma configuração emocional ou dentro de uma relação dependente que fornece uma estrutura hierárquica e autoritária própria, a qual enfraquece a resistência da vítima, distorce sua perspectiva e confunde a sua vontade. (BROWMILLER, 1975, p. 256)[70]

Talvez um outro questionamento ainda deva ser feito dentro daquele primeiro que viemos até aqui tentando responder: o que sobra então para a narrativa de estupro? Algo na qualidade de um *como*, embora eu considere contraproducente para o campo da literatura – e das artes, no geral – determinar fórmulas. Contudo, para responder a essa questão, é preciso que se considere que a própria formulação desta não deixa de ser uma insensatez, pois a única e evidente resposta possível só poderia ser: é preciso que se convença o leitor do crime de estupro, e não do contrário. É preciso que se impute uma responsabilidade sobre o estuprador, mesmo que ficcionalizado, e não o contrário. E que, com efeito, os leitores possam enxergá-la. É preciso que o corpo da mulher não sirva como justificativa para o crime de estupro, e não o contrário. É preciso que as narrativas de estupro tomem, dentro de obras literárias, as mesmas proporções que tomam na vida das pessoas estupradas fora delas. É preciso que não se associe o estupro a um desejo legitimado socialmente. É preciso que a narrativa de estupro na literatura sirva de resistência à ficcionalização do estupro fora dela, e não mais um mecanismo de validação do poder do "macho" sobre a "fêmea". É a isso que chamo de tomada de consciência por parte de quem se propõe a escrevê-las e que pode ser resumida em uma única questão a orbitar as mentes de escritores e escritoras: como falar de violência sem ser

---

[70] "All rape is an exercise in power, but some rapists have an edge that is more than physical. They operate within an institutionalized setting that works to their advantage and in which a victim has little chance to redress her grievance. Rape in slavery and rape in wartime are two such examples. But rapists may also operate within an emotional setting or within a dependent relationship that provides a hierarchical, authoritarian structure of its own that weakens a victim's resistance, distorts her perspective and confounds her will." (BROWMILLER, 1975, p. 256, tradução livre)

violento? Como tratar do abuso sem ser abusivo? Como escrever sobre sexo sem incorrer em uma sexualização aniquilante? Será que já conseguimos figurar o estupro, ou continuará ele servindo de base a meras representações?

INSUBORDINAÇÕES FINAIS

O ano era 1980. Uma adolescente de 16 anos é levada a uma famosa casa espírita por apresentar menstruação irregular e fortes dores de cabeça. Após três horas confinada em uma sessão de cura, ficou estabelecido pelo médium que a garota deveria ser internada. Algumas semanas depois, quando os pais voltam até à casa para visitá-la, ela confessa ter "sido seduzida naquela sessão pelo curandeiro, com o argumento de que fazia aquilo 'para que o santo entrasse nela e a curasse'". Abre-se um processo. Seis anos mais tarde, o mesmo processo era encerrado por "desinteresse da família" e por "falta de provas". Para o advogado de defesa do curandeiro, o que levara a família a processá-lo era o objetivo de extorquir-lhe dinheiro. Saiu ileso. (Gondim, 1995)

Chegamos, agora, incrédulos, em 2019, diante das mais de 500 denúncias contra o maior guru espiritual do Brasil, capaz de atrair 5 mil pessoas por semana até a sua casa para receber algum tipo de alento espiritual. "O silêncio é uma prece", já previa o documentário em sua homenagem, lançado em meados de 2018. João 'de Deus', é como ficou conhecido. "John of God", para os gringos. Parece que dessa vez a prece ficou por ser ouvida.

Tem gente que chama o protagonismo das mulheres hoje de "a quarta onda do feminismo" (HOLLANDA, 2018) (ou quinta, ou sexta; eu mesma parei de contabilizar). Um feminismo diferente, abrangente, digital. Eu chamo de alívio, que foi o que senti quando me deparei com os relatos de abuso perpetrados por João 'de Deus'. Agora, nenhuma mulher mais precisará passar por isso, ficar à mercê de alguém que encarna o divino como forma de conservar as suas práticas mais repulsivas. Será?

Se, de um lado podemos respirar aliviadas, de outro, seguimos desconfiando. Contestar a palavra de meio milhão de mulheres é bem mais difícil do que contestar a palavra de apenas uma adolescente de 16 anos. Em especial, quando tudo é levado em consideração, menos a razão de ser da denúncia. Querem mais um exemplo?

O ano era 2016. Lucía Perez, argentina, também 16 anos. Fora drogada, estuprada e empalada. Segundo os juízes do caso, Aldo Daniel

Carnevale, Juan Facundo Gómez Urso e Pablo Javier Viñas do Tribunal Oral nº 1 de Mar de Plata, não há como "provar que Lucía foi abusada sexualmente em um contexto de violência de gênero" (Barros, 2018). Para estes estimados senhores, Pérez morreu de uma overdose e não foi estuprada, mas manteve relações sexuais consensuais. Talvez eles tenham ido se consultar com João de Deus, que encarnou em Lucía dizendo-lhes que, sim, que ela havia consentido, que era um desejo dela ser empalada. Talvez os juízes fossem capazes de rever o processo, caso outras 499 mulheres tivessem morrido do mesmo jeito, da mesma forma, nos dias que se seguiram. Talvez os juízes tivessem até mesmo enxergado o crime, se antes dele não tivessem visto apenas uma adolescente pobre indo comprar maconha. Não é de hoje que a linguagem do estupro é a mesma em qualquer país:

If a woman had 'got herself into the situation', she deserved it.

Si una mujer se puso en esta situación, se lo mereció.

Se uma mulher 'se colocou nessa situação', ela mereceu.

Em qualquer espaço:

"Para que tinha vindo de noite, para que se arriscara na areia do cais? Não sabia que a areia das docas é a cama de amor de todos os malandros, de todos os ladrões, de todos os marítimos, de todos os Capitães de Areia, de todos os que não podem pagar mulher e têm sede de um corpo na cidade santa da Bahia?" (AMADO, 2007, p. 81)

Em qualquer domínio:

"Quando ela foi lá, não era para jogar cartas. Foi para fazer alguma coisa. Eu conheço o filho que tenho. Confio nele quando se trata do que aconteceu", mãe do jogador Cristiano Ronaldo, após o filho ter sido acusado, vejam só, de estupro. (IG São Paulo, 2019)

Em qualquer situação:

"Da primeira vez que me estuprou, ele me colocou no colo, olhou na minha cara e disse: 'Você é culpada, você me seduziu, você é enxerida.", relato de Damares Alves, ministra da "Mulher, Família e Direitos Humanos", sobre o atentado sexual que sofreu de um pastor hospedado na casa de seus pais, por volta dos 6 anos de idade. (Brandalise, 2018)

E sendo ela uma linguagem muito específica, facilmente reconhecível, por que a menosprezar enquanto campo de análise também, e sobretudo, no âmbito literário, se temos aqui a brecha para subtrair dela seus pormenores mais insuspeitados? Quantas não devem ter sido as obras que traziam em seu bojo narrativas de estupro pelas quais passamos a largo, sem nos darmos conta de que talvez pudéssemos ter simplesmente as rechaçado como inverossímeis? Como, afinal, admitir que personagens homens venham estuprando personagens mulheres na literatura exatamente da mesma forma como homens estupram mulheres fora dela, sem questionarmos nenhum único aspecto das "cenas do crime"? Por que continuamos a nos servir de um automatismo ingênuo que encontra no erotismo uma explicação melhor para narrativas de estupro do que na própria retórica da violência sexual? Deve ser porque estamos acostumados a ver as mulheres sempre expostas às custas da preservação dos homens. Exceto por Tonho e R.

Nas narrativas de estupro tramadas por Paloma Vidal e Sheyla Smanioto, não vemos as mulheres sendo desnudadas, vemos os homens. Vemos suas palavras sendo descobertas, postas à luz, imediatamente deslegitimadas. Nada deles é preservado no enredo proposto pelas autoras, porque aquilo que dizem evoca tudo o que nunca disseram. Ou o que sempre é dito sem admitirem. Preserva-se, com isso, as mulheres, o conhecimento que temos de suas vontades e como elas devem ou não chegar até nós. Preserva-se, ainda, o corpo das mulheres, que só a elas pertence e só a elas justifica, não podendo ser lido como um pavoroso convite porque nem nas linhas mais infames de pronunciamento dos homens foram pensados como mais um meio de exibição. É sempre o olhar dos estupradores com o qual ninguém quer se identificar; mas e os olhares com os quais já nos identificamos, onde estarão? Sem dúvida alguma, ainda em nós.

Concluo este trabalho com a certeza de que ele apenas começou e que meu objeto de análise é pequeno demais para a dimensão do tema que tenho diante de mim. Porém, tentei, a partir dele, delinear meios tangíveis para nos referirmos ao estupro de mulheres também no campo da literatura, fazendo com que ele seja, de fato, encarado como problema. Se me atentei ao espaço e às personagens, é porque entendo que, uma vez dentro de um romance, a narrativa de estupro precisa necessariamente fazer parte da caracterização das personagens, tanto das vítimas quanto dos perpetradores, afinal, elas representam a forma de elaboração do universo ficcional criado para cada uma delas. Os espaços podem funcionar como facilitadores ou não, mas é importante que sejam demarcados a fim de que se possa observar onde e como a ação acontece. No caso de *Mar azul* e *Desesterro*, temos dois espaços privados, em que apenas nós, enquanto leitores das obras, pudemos testemunhar o crime. Isso pode ou não dizer muito sobre o restante do enredo, mas se não disser, já sabemos que se trata de uma narrativa de estupro falha, porque implantada antes de figurada.

Em *Mar azul*, o estupro some. O estupro, aliás, não é nem mencionado, como pudemos ver ao longo da análise, mas existe um rastro deixado pela narrativa por sobre todos os capítulos e não há meios de ignorá-lo. É um romance sobre a memória, afinal. Já em *Desesterro*, o estupro retorna na forma de retaguarda, guiando as ações de Tonho, porque é preciso que se mantenha o discurso, e motivando o acontecimento das ações de Fátima, porque é preciso que pare. É um romance sobre violência, não há dúvida. Diferente do que ocorre em *Capitães da areia*, por exemplo, onde o estupro acontece por oportunidade e é automaticamente associado a meninos pobres, moradores de rua, e a "negrinhas" sozinhas no areal. Acho que já entendemos que a retórica do estupro prescinde de estereótipos.

Nesse sentido, quero me referir, por último, às lacunas que antevejo ao final desta pesquisa. A primeira delas, com relação justamente à narrativa de Jorge Amado, é que, para pensar as narrativas de estupro, é preciso que as análises se interseccionalizem, quero dizer, que interponham critérios não apenas de gênero, mas também e sobretudo de raça e de classe. Meu objetivo ao aproximar as narrativas de Sheyla Smanioto e Paloma Vidal foi contrastar duas realidades opostas que se estreitam à medida que tomamos por base o atentado sexual sofrido pelas personagens mulheres dos romances, pois acredito ser importante também evidenciar como a retórica do estupro é a mesma, independente de quem sejam os estupradores e o contexto no qual estejam inseridos. Contudo, não é de meu desconhecimento que as mulheres negras sejam as que mais sofrem com o crime de estupro em nosso país e, por essa razão, direcionar nosso olhar para as narrativas de estupro sob esse viés torna-se, da mesma forma, imprescindível. Em segundo lugar, gostaria de acrescentar um *mea culpa* por ter trazido poucas autoras latinas para dentro do trabalho, fiando-me apenas nas palavras das autoras de língua inglesa. Por se tratar de um trabalho no âmbito da literatura brasileira, traçar linhas de pensamento sob uma ótica decolonial talvez torne este trabalho ainda mais relevante, dando outros sentido às narrativas de estupro que poderão ser mais bem analisadas e, consequentemente, mais bem localizadas. Como terceiro e último ponto, gostaria de destacar a necessidade de se sistematizar um estudo sobre o tema do estupro em nosso país que vá além do campo jurídico. As próprias pesquisas são inconclusivas. Estive longe de assumir pra mim essa pretensão, mas entendo ser esta uma necessidade a partir do momento em que, por exemplo, chegam até nós as denúncias do caso João 'de Deus' e todo mundo fica a se perguntar: mas *como* ninguém nunca disse nada? Falta um *como* com relação ao estupro no Brasil, um *como* que antes de apontar a cultura do estupro, a decomponha. Isso auxiliaria inclusive em nossas análises literárias.

Dito isso, ficam-se as perguntas, as introdutórias e as conclusivas, mas se potencializam as certezas de que:

> Dessa luta contra a violência, não recuo nem um pouco. Não dou descanso para um décimo de respiração. Não removo o corpo, a alma, o desejo, a fúria e a culpa contra aqueles que se acreditam donos das meninas e das mulheres, e fazem das desaparecidas uma ausência que nos mantêm em chamas, e do medo uma batida que conhecemos como o ruído de cada passo, o qual nos desperta para não retroceder e fazer da vigília uma valentia cotidiana. (PEKER, 2018, p. 36)[71]

Sigamos.

---

[71] "De esa lucha contra la violencia no retrocedo un ápice. No le resto un décimo de aliento. No le saco el cuerpo, el alma, las ganas, la furia y el incendio contra quienes se creen dueños de las chicas y las doñas, las mujeres, y hacen de las desaparecidas una ausencia que nos mantiene en llamas y del miedo un latido que conocemos como el ruido de cada paso y que nos despierta para no retroceder y hacer de la vigilia una valentía cotidiana." (PEKER, 2018, p. 36)

AGRADECIMENTOS

às professoras e professores: Keli Pacheco,
Rita Schmidt, Evanir Pavloski, Eurídice Figueiredo,
Miguel Sanches, Silvana Oliveira, Vinícius Lima,
Andrea Müller, Daniel Gomes, Rosana Harmuch, Marly Soares.

aos colegas: Felipe, Ramon, Juliana,
Eduardo, Emerson (in memoriam),

à Thaynna e à Lisiane,
ao Hélcio e ao Jean,
ao Cesar Saad, em especial.

à minha família, pela liberdade de ser quem eu sou.
ao meu pai (in memoriam), por eu ter me tornado um ponto de interrogação ambulante.

à editora Letramento e toda a sua equipe, pela oportunidade de ter minha primeira publicação.

REFERÊNCIAS

AFFONSO, J. (10 de jun de 2016). *'Não há cultura do estupro em nosso País', diz Feliciano*. Acesso em 4 de jul de 2018, disponível em Grupo Estado: https://politica.estadao.com.br/blogs/fausto-macedo/nao-ha-cultura-do-estupro-em-nosso-pais-diz-feliciano/.

AGAMBEN, Giorgio. *O que resta de Auschwitz:* o arquivo e a testemunha. Trad. Selvino J. Assmann. São Paulo: Boitempo, 2008.

ALEMANY, Carmen. Assédio sexual. In: HIRATA, H.; et al. (Org.). *Dicionário Crítico do Feminismo*. São Paulo: Editora UNESP, 2009. p. 25-30.

———. Violências. In: HIRATA, H.; et al. (Org.). *Dicionário Crítico do Feminismo*. São Paulo: Editora UNESP, 2009. p. 271-276.

ALGRANTI, Leila Mezan. *Honradas e devotas: mulheres da colônia*: condição feminina nos conventos e recolhimentos do Sudeste do Brasil, 1750-1822. Rio de Janeiro: José Olympio; Brasília: Edunb, 1993.

AMADO, Jorge. *Capitães da areia*. 122 ed. Rio de Janeiro: Record, 2007.

ANDRADE, Y. d. (19 de jan de 2012). *Brasil: Escândalo Sexual no Big Brother Desperta Debate sobre Machismo*. Acesso em 3 de jul de 2018, disponível em Global Voices: https://pt.globalvoices.org/2012/01/19/brasil-escandalo-sexual-big-brother-machismo/.

AQUINO, Marçal. *Eu receberia as piores notícias dos seus lindos lábios*. São Paulo: Companhia das Letras, 2005.

ARISTOTLE. *Politics*. Great Britain: William Heinemann LTD, 1959.

AUCÍA, Analía. Género, violencia sexual y contextos represivos. In: AUCÍA, Analía et al. *Grietas en el silencio*: Una investigación sobre la violencia sexual en el marco del terrorismo de Estado. Rosario: Cladem, 2011. p. 26-67.

BARROS, O. (30 de nov de 2018). *Argentinas protestam contra absolvição de réus por feminicídio que chocou o país*. Acesso em 13 de jan de 2019, disponível em Ponte Jornalismo: https://ponte.org/absolvicao-de-acusados-por-estupro-e-feminicidio-de-lucia-perez-gera-indignacao/.

BARTHES, Roland. *Mitologias*. Rio de Janeiro: DIFEL, 2009.

BEAUVOIR, Simone de. *O segundo sexo vol. 1*: Fatos e mitos. Trad. Sérgio Milliet. Rio de Janeiro: Nova Fronteira, 2016.

BENVENISTE, Émile. *Problemas de linguística geral I*. 2 ed. Campinas: Editora da Unicamp, 1988.

BERGES, Sandrine. *A Feminist Perspective on Virtue Ethics*. New York: Palgrave Macmillan, 2015.

BÍBLIA. Português. *A Bíblia sagrada*. Trad. Padre Antônio Pereira de Figueiredo. Rio de Janeiro: Catholic Press, 1964.

BILAC, Olavo. O vaso. In: MORAES, Eliane R. *O Corpo Descoberto*: contos eróticos brasileiros (1852-1922). Recife: Editora CEPE, 2018. Disponível em: <https://www1.folha.uol.com.br/ilustrissima/2018/07/olavo-bilac-escreveu-contos-eroticos-sob-pseudonimo-de-bob-leia.shtml>. Acesso em: 10 set. de 2018.

BOURKE, Joanna. Rape: *A history from 1860 to the present*. Great Britain: Virago Press, 2007.

BRANDALISE, C. (18 de dez de 2018). *Ministra Damares Alves: "O pastor ia ao meu quarto à noite pra me estuprar"*. Acesso em 15 de jan de 2019, disponível em UOL Universa: https://universa.uol.com.br/noticias/redacao/2018/12/18/entrevista--damares-alves- abusos-sexuais.htm?cmpid=copiaecola.

BRETAS, V. (9 de set de 2016). *Justiça critica promotor por humilhar vítima de estupro*. Acesso em 3 de jul de 2018, disponível em EXAME: https://exame.abril.com.br/brasil/justica-denuncia-promotor-por-humilhar-vitima-de-estupro/.

BRASIL. (1988). art. 1. *Constituição da República Federativa do Brasil de 1988*. BRASIL. (2009, ago.). Lei n. 12.015, de 7 de ago. de 2009. *Código Penal*.

BROWNMILLER, Susan. *Against Our Will*: men, women and rape. New York: Fawcett Books, 1975.

BUARQUE, Chico. *Não existe pecado ao sul do Equador*. Rio de Janeiro: Abril Coleções, 1973.

BULHÕES, Marcelo. *Leituras do desejo*: o erotismo no romance naturalista brasileiro. São Paulo: Editora da Universidade de São Paulo, 2003.

BUSARELLO, Raulino. *Dicionário Básico Latino-Português*. Florianópolis: Ed. da UFSC, 2003.

BUTLER, Judith. *Problemas de gênero*: feminismo e subversão da identidade. Trad. Renato Aguiar. Rio de Janeiro: Civilização Brasileira, 2016.

CAHILL, Ann J. *Rethinking Rape*. London: Cornell University Press, 2001.

CASA BONDELÊ. (7 de nov de 2018). *Casa Bondelê FLIP 2018:* Bate-papo com Sheyla Smanioto, autora de Desesterro. Acesso em 10 de nov de 2018, disponível em Youtube: https://www.youtube.com/watch?v=-L84iNQ8gCo.

CERQUEIRA, Daniel; COELHOS, Danilo de S. C. Estupro no Brasil: uma radiografia segundo os dados da Saúde (versão preliminar). In: *Atlas da Violência*. Brasília: Instituto de Pesquisa Econômica Aplicada (IPEA), 2014. Disponível em: < http://www.ipea.gov.br/atlasviolencia/artigo/21/estupro-no-brasil-uma-radiografia-segundo- os-dados-da-saude->. Acesso em: 10 set. 2018.

COETZEE, J.M. *Desonra*. Trad. José Rubens Siqueira. São Paulo: Companhia das Letras, 2000.

COLOMBO, P. (29 de ago de 2017). *Rumos 2015-2016:* O Mal-entendido. Acesso em 4 de dez de 2018, disponível em Itaú Cultural: http://www.itaucultural.org.br/rumos-2015-2016-o- mal-entendido

DALCASTAGNÈ, Regina. *Literatura brasileira contemporânea*: um território contestado. Vinhedo: Editora Horizonte, 2012.

DANGAREMBGA, Tsitsi. *Nervous Conditions*. London: Women's Press, 2004.

DE LAURETIS, Teresa. *Alice Doesn't*: feminism, semiotics, cinema. Reino Unido: The Macmillan Press LTD, 1984.

———. *Technologies of Gender*: Essays on Theory, Film, and Fiction. Bloomington, 1987.

DERRIDA, Jacques. *Essa estranha instituição chamada literatura*: uma entrevista com Jacques Derrida. Trad. Marileide Dias Esqueda. Belo Horizonte: Editora UFMG, 2014.

DESPENTES, V. *Teoria King Kong*. São Paulo: n-1 edições, 2016. Trad. Márcia Bechara.

ALBUQUERQUE JÚNIOR, Durval Muniz . *Nordestino*: uma invenção do falo; uma História do gênero masculino (Nordeste – 1920/1940). Maceió: Editora Catavento, 2003.

DWORKIN, Andrea. I Want a Twenty-Four-Hour Truce During Which There Is No Rape. In:

———. *Letters From a War Zone*. New York: Lawrence Hill Books, 1993.

ECO, Umberto. *Os limites da interpretação*. Trad. Pérola de Carvalho. São Paulo: Perspectiva, 2015.

FAUSTO, B.; DEVOTO, F. J. *Brasil e Argentina*: Um ensaio de história comparada (1850-2002). São Paulo: Ed. 34, 2004.

FOUCAULT, Michel. *A ordem do discurso*. Trad. Laura F. de Almeida Sampaio. São Paulo: Edições Loyola, 2014.

———. *História da sexualidade*: a vontade de saber. Trad. Maria Thereza da Costa Albuquerque e J. a. Guilhon Albuquerque. Rio de Janeiro: Paz e Terra, 2017.

———. *Microfísica do poder*. Trad. Roberto Machado. Rio de Janeiro: Edições Graal, 2003.

FREUD, Sigmund. Sobre a psicopatologia da vida cotidiana. In: *Obras psicológicas completas de Sigmund Freud* - Vol. VI: edição standard brasileira. Rio de Janeiro: Imago, 1996.

FREYRE, Gilberto. *Casa-grande & senzala*: formação da família brasileira sob o regime da economia patriarcal. 18 ed. Rio de Janeiro: José Olympio, 1977.

G1 RIO. (29 de mai de 2016). *'O próprio delegado me culpou', diz menor que sofreu estupro no Rio*. Acesso em 3 de jul de 2018, disponível em Globo Comunicação e Participações S.A.: http://g1.globo.com/rio-de-janeiro/noticia/2016/05/o-proprio-delegado-me-culpou-diz-menor-que-sofreu-estupro-no-rio.html.

GENETTE, Gérard. Fronteiras da Narrativa. In: BARTHES, R. et al. *Análise estrutural da narrativa*: pesquisas semiológicas. Petrópolis: Vozes, 1971. p. 255-274.

GENTIL, Plínio; MARCÃO, Renato. *Crimes contra a dignidade sexual*: Comentários ao Título VI do Código Penal. São Paulo: Saraiva, 2011.

GHETTI, B. (30 de nov de 2012). *Memória e origens voltam a tematizar obra de Paloma Vidal*. Acesso em 3 de set de 2018, disponível em Blog Saraiva: https://blog.saraiva.com.br/memoria-e-origens-voltam-a-tematizar-obra-de-paloma-vidal/.

GONDIM, A. (18 de jun de 1995). *Denúncias seguem carreira*. Acesso em 14 de jan de 2019, disponível em Folha da Manhã S/A: https://www1.folha.uol.com.br/fsp/1995/6/18/cotidiano/4.html

GROSZ, Elizabeth. *Corpos reconfigurados*. In: Cadernos Pagu, São Paulo, n. 14, p. 45-86, 2000.

GUNNE, Sorcha; THOMPSON, Zöe B. Introduction: Feminism without borders: the potentials and pitfalls of retheorizing rape. In: (Org.). *Feminism, Literature and Rape Narratives*: violence and violation. London: Routledge, 2010. p. 1-20.

HOLANDA, Sérgio Buarque de. *Raízes do Brasil*. 4 ed. Brasília: Editora Universidade de Brasília, 1963.

HOLLANDA, Heloisa Buarque de. *Explosão feminista*. São Paulo: Companhia das Letras, 2018.

HORECK, Tanya. *Public Rape*: representing violation in fiction and film. London: Routledge, 2004.

IG SÃO PAULO. (7 de fev de 2019). *Mãe de CR7 o defende de estupro*: "Quando ela foi lá, não era pra jogar cartas". Acesso em 10 de fev de 2019, disponível em Esporte - iG: https://esporte.ig.com.br/futebol/internacional/2019-02-07/caso-de-estupro--cristiano- ronaldo.html.

ITAÚ CULTURAL. (20 de set de 2017). *Quais as Intersecções Possíveis entre Política e Literatura? – Encontros de Interrogação (2016)*. Acesso em 14 de ago de 2018, disponível em Youtube: https://www.youtube.com/watch?v=GSoJjsKX4sg.

MACKINNON, Catharine A. *Feminism unmodified*: discourses on life and law. United States: Harvard University Press, 1987.

MARTINS, F. (30 de jul de 2012). *Propaganda de camisinha que incentiva violência contra mulher causa polêmica no Facebook*. Acesso em 3 de jul de 2018, disponível em UOL: https://noticias.uol.com.br/saude/ultimasnoticias/redacao/2012/07/30/propaganda-de- camisinha-que-incentiva-violencia-contra-mulher-causa-polemica-no--facebook.htm?cmpid=copiaecola.

MELO NETO, João Cabral de. *Morte e vida severina*. Rio de Janeiro: Objetiva, 2007.

MENDES, Elizabeth S. M. Como silenciar diante do estupro e suas representações na literatura? In: *Revista Ártemis*. v. XX; n. 2, p. 193-194, 2015.

MOISÉS, Massaud. *Dicionário de termos literários*. 12 ed. São Paulo: Cultrix LTDA, 1981.

MULVEY, Laura. Visual Pleasure and Narrative Cinema. In: BRAUDY, L.; COHEN, Marshall (Org.). *Film, Theory and Criticism*: Introductory Readings. New York: Oxford UP, 1999. p. 833-844.

NABUCO, Joaquim. *O abolicionismo*. Petrópolis: Vozes, 2012.

NASCIMENTO, Érica Peçanha do. *Vozes marginais na literatura*. Rio de Janeiro: Aeroplano, 2009.

NIETZCHE, Friedrich W. *Sobre verdade e mentira*. Trad. Fernando de Moraes Barros. São Paulo: Hedra, 2007.

NORONHA, E. Magalhães. *Direito Penal vol. 1*. Rio de Janeiro: Editora Rideel, 2009.

PARKER, Richard G. *Corpos, prazeres e paixões*: A cultura sexual no Brasil contemporâneo. Trad. Maria Therezinha M Cavallari. São Paulo: Editora Best Seller, 1991.

PEKER, Luciana. *Putita Golosa*: Por un feminismo del goce. Ciudad Autónoma de Buenos Aires: Galerna, 2018.

PERROT, Michelle. *Minha história das mulheres*. Trad. Angela M. S. Côrrea. São Paulo: Contexto, 2007.

PIGNA, Felipe. *Los mitos de la historia argentina 2*: De San Martín a "el granero del mundo". Disponível em: <http://escuelasuperior.com.ar/instituto/wp-content/uploads/2017/04/Los-mitos-de-la-historia-argentina-2-Felipe-Pigna.pdf>. Acesso em: 16 ago. de 2018.

PINTO, A. C., & LUCCIOLA, L. (9 de dez de 2014). *Jair Bolsonaro repete insulto a deputada Maria do Rosário*: 'Só não te estupro porque você não merece'. Acesso em 4 de jul de 2018, disponível em EXTRA: https://extra.globo.com/noticias/brasil/jair-bolsonaro-repete-insulto-deputada-maria-do-rosario-so-nao-te-estupro-por-que-voce-nao-merece-14781338.html.

PLUMWOOD, Val. *Feminism and the mastery of nature*. London: Routledge, 1993.

RANCIÈRE, Jacques. *A partilha do sensível*: Estética e política. Trad. Mônica Costa Netto. São Paulo: EXO experimental org.; Editora 34, 2009.

RIBEIRO, João. *História do Brasil*: para Gymnasios e Escolas Normaes, curso superior, 1 vol. Rio de Janeiro: Livraria Francisco Alves, 1909.

RIBEIRO, Júlio. *A carne*. São Paulo: Martin Claret, 1999.

ROCCO ENTREVISTA. (2012?). *Rocco Entrevista Paloma Vidal*. Acesso em 3 de set de 2018, disponível em Editora Rocco Ltda.: https://www.rocco.com.br/admin/Arquivos/EntrevistaAutor/f60ab5ab-5ee4-4454-98f9-9ab719102bcaENTREVISTA.pdf.

RODRIGUES, H. (16 de nov de 2015). *"Desesterro", de Sheyla Smanioto*. Acesso em 4 de dez de 2018, disponível em Blog da Editora Record: http://www.blogdaeditorarecord.com.br/2015/11/16/desesterro-sheyla-smanioto/.

ROSA, Guimarães. *Grande Sertão: Veredas*. 19. ed. Rio de Janeiro: Nova Fronteira, 2001.

SANTOS, Fabio Muruci dos. Ricardo Rojas e a construção biográfica de um herói nacional: San Martín, el santo de la espada. In: *Revista Eletrônica da ANPHLAC*. n. 8, n.p., 2009. Disponível em: <http://revistas.fflch.usp.br/anphlac/article/view/1386>. Acesso em: 16 ago. de 2018.

SCHMIDT, Rita Terezinha. Pensando a literatura comparada enquanto campo de singularidade e inovação. In: _(Org.). *fazeres indisciplinados*: estudos de literatura comparada. Porto Alegre: Editora UFRGS, 2013. p. 297-312.

———. Recortes de uma história: a construção de um fazer/saber. In:_. *Descentramentos/Convergências*: ensaios de crítica feminista. Porto Alegre: Editora da UFRGS, 2017. p. 71-92.

SIELKE, Sabine. *Reading Rape*: the rhetoric of sexual violence in American literature and culture, 1790-1990. New Jersey: Princeton University Press, 2002.

SMANIOTO, Sheyla. *Desesterro*. Rio de Janeiro: Record, 2015.

TODOROV, Tzvetan. As categorias da narrativa literária. In: BARTHES, R. et al. *Análise estrutural da narrativa*: pesquisas semiológicas. Petrópolis: Vozes, 1971. p. 209-254. VIDAL, Paloma. *A duas mãos*. 2 ed. Rio de Janeiro: 7Letras, 2008.

. *Mar azul*. Rio de Janeiro: Rocco, 2012.

VIGARELLO, Georges. *História do estupro*: violência sexual nos séculos XVI - XX. Rio de Janeiro: Jorge Zahar Ed., 1998.

VIRDI, Jyotika. Reverence, Rape - and then Revenge: Popular Hindi Cinema's "Women's Film". In: BURFOOT, A.; LORD, Susan (Org.). *Killing Women*: The Visual Culture of Gender and Violence. Canada: Wilfrid Laurier University Press, 2006. p. 251-272.

WHISNANT, Rebecca. (2017). Feminist Perspectives on Rape. In: *Stanford Encyclopedia of Philosophy*. California: Edward N. Zalta.

- editoraletramento
- editoraletramento.com.br
- editoraletramento
- company/grupoeditorialletramento
- grupoletramento
- contato@editoraletramento.com.br

- editoracasadodireito.com
- casadodireitoed
- casadodireito